留学生のための
ITテキスト

日本での就活に役立つサンプルで学習

監修 一般社団法人留学生支援ネットワーク 事務局長
久保田 学

著 日本経済大学 講師
森 由紀、平井 智子

日経BP社

はじめに

　留学生数の飛躍的増加に伴い、留学生に対するIT教育も教材や教育体制の整備が急務となってきています。留学生にとって、日本語で講義を受講することは大変なことであり、専門知識を取得するITの講義は、さらに困難を極めます。

　近年のスマートフォンの普及によって、パソコンのキーボード入力に慣れていない学生が増えています。しかも留学生の場合、そもそもスマートフォン操作を日本語ではない母国語で行うために、ローマ字があまり理解できない学生や、なかなか日本語能力が伸びない学生には、日本でのIT教育はハードルが高いという印象があります。

　留学生にとって、一番の問題はやはり日本語であり、他の多くの問題も何らかの形で日本語能力と関係があると考えます。日本語がなかなか上達しない留学生ほど、多くの問題を抱えており、本人も教える側も負担が大きくなります。

　そのような中、日本語能力の異なる留学生に対して、どのようにアプローチすればよいのか試行錯誤しながら講義を進めており、留学生にもわかりやすいテキストがあればと常々感じておりました。今回の執筆にあたり、ルビをふること、興味のあるテーマにすること、シンプルな構成にすることなどを考慮しました。

　スタートの時点でつまずくことのないよう、カタカナにもルビをふり、わかりやすいことを第一に考えて構成しました。日本語能力のある学生には、ルビをふっていない完成例を使わせるなど、柔軟に対応できるようにしました。

　さらにキャリア教育にも役に立つコンテンツをサンプルとしており、実際に課題を作成しながら、日本での就職活動の流れや必要となる履歴書や添え状の書き方を学べるようになっています。留学生の皆さんに本書を楽しんで使ってもらえれば、とてもうれしく思います。

　　　　　　　　　　　　　　　　　　　　　　　　　　　　　　　　　森　由紀、平井　智子

監修にあたって

　2008年に文部科学省から日本を世界により開かれた国とし、アジア、世界の間のヒト・モノ・カネ、情報の流れを拡大する「グローバル戦略」を展開する一環として、2020年をめどに30万人の受け入れを目指す「留学生30万人計画」が発表され、10年後の2018年5月1日現在で298,980人となり、順調に留学生の受け入れが進んでいます。

　一方で、出口の就職については、独立行政法人日本学生支援機構の調査によると外国人留学生就職者数は、2004年の5,705件から2016年は約2.5倍の14,493件に増加しているものの、外国人留学生修了者の約3割程度しか日本企業に就職できていません。別の調査では、約6割の学生が卒業・修了後の進路希望として日本での就職を希望しているので、日本での就職を希望しながら約半数が就職できていないというが現状です。

　特に近年は、ベトナムやネパールなどの非漢字圏の外国人留学生が急増しており、高度な日本語能力の運用ができない学生が増加している中、大学や専門学校においてはその外国人留学生に対応するための教材制作や教育体制の整備が急務となっています。

　本書は、外国人留学生へのITスキル教育を現場でも行っている著者の森由紀先生と平井智子先生が自らの豊かな経験に基づいて、大学や専門学校で必要となるコンピュータの基本から、Word、Excel、PowerPointの使用・活用方法について理解し、日本における就職活動や入社時に必要となる実践的なITスキルを向上することを目的として書かれたものです。

　ITスキルの学習経験がない外国人留学生でも、教育現場や就職活動等の題材に基づいた演習や練習問題に従った学習形式でステップアップすることができる内容で構成されています。また、高度な日本語能力の運用ができない外国人留学生への配慮としてすべてルビをふることによりわかりやすく構成された教材です。

　本書を活用することにより、外国人留学生が日本での教育現場や就職活動、さらに日本企業へ入社後においてストレスなく活動するために必要なITスキルの習得をしてください。

久保田　学

Contents

CHAPTER 01　基本操作と文字の入力　　001

- 1-1　Wordの起動と新規文書の作成　002
- 1-2　Wordの画面構成　002
- 1-3　マウスポインタの形　003
- 1-4　Wordの終了　004
- 1-5　文字入力　004
  - 1-5-1　ひらがなの入力　006
  - 1-5-2　文字の削除　007
  - 1-5-3　カタカナの入力　008
  - 1-5-4　アルファベットの入力　010
  - 1-5-5　数字の入力　012
  - 1-5-6　漢字の入力　013
- 1-6　記号の入力　015
  - 1-6-1　キーボードから入力　015
  - 1-6-2　記号の「読み」を入力して変換　016
  - 1-6-3　記号と特殊文字　017
- 1-7　保存　018
  - 1-7-1　名前を付けて保存　019
- 1-8　ファイルを開く　020
- 1-9　文章の入力　021
- 1-10　文字列の選択方法　022
  - 1-10-1　文字単位の選択　022
  - 1-10-2　行単位の選択　023
- 1-11　コピーと移動　023
  - 1-11-1　コピー　024
  - 1-11-2　移動　025
- 1-12　上書き保存　027

CHAPTER 02　ビジネス文書の作成　　035

- 2-1　ビジネス文書のフォーム　036
- 2-2　ビジネス文書の作成手順　038
- 2-3　新規文書の作成　039

(5)

2-4 ページ設定 040
    2-4-1 余白の設定 041
    2-4-2 文字数と行数の設定 042
2-5 文章の入力 042
2-6 文字の書式 044
2-7 段落の書式設定 047
    2-7-1 中央揃え、右揃え 048
    2-7-2 均等割り付け 049
    2-7-3 インデント 050
    2-7-4 段落番号と箇条書き 051

CHAPTER 03　表の作成と編集　055

3-1 表の構成要素 056
3-2 表の挿入 057
3-3 セル内に文字を入力 058
3-4 表の編集 059
    3-4-1 列の幅、行の高さの変更 059
    3-4-2 複数列の結合 060
    3-4-3 文字の配置 063
    3-4-4 表のスタイル 064
    3-4-5 表のスタイルのオプション 066
    3-4-6 表を中央に配置 066

CHAPTER 04　オブジェクトの挿入　071

4-1 ワードアートの挿入 074
4-2 ワードアートの書式設定 075
    4-2-1 フォント、フォントサイズの変更 075
    4-2-2 文字列の折り返し 076
    4-2-3 ワードアートの形状 077
4-3 画像の挿入 078
4-4 画像の編集 080
    4-4-1 画像のサイズ変更 080
    4-4-2 画像の移動 082
4-5 図形の挿入 084
4-6 図形の編集 086
    4-6-1 図形のスタイル 086
    4-6-2 図形の効果 088

CHAPTER 05　基本操作と表の作成

- 5-1　Excelの起動と画面構成 ……………………………………………… 094
  - 5-1-1　Excelの起動 …………………………………………… 094
  - 5-1-2　Excelの画面構成 ……………………………………… 094
- 5-2　マウスポインタの形 ………………………………………………… 095
- 5-3　Excelの終了 …………………………………………………………… 096
- 5-4　範囲選択時のマウスポインタの形 …………………………………… 097
  - 5-4-1　セルを選択 ……………………………………………… 097
  - 5-4-2　フィルハンドル ………………………………………… 097
  - 5-4-3　セルの移動 ……………………………………………… 097
- 5-5　いろいろな選択方法 …………………………………………………… 098
  - 5-5-1　連続したセルの選択 …………………………………… 098
  - 5-5-2　離れたセルの選択 ……………………………………… 098
  - 5-5-3　広い範囲の連続したセルの選択 ……………………… 099
  - 5-5-4　1つの列の選択 ………………………………………… 099
  - 5-5-5　連続した複数の列の選択 ……………………………… 100
  - 5-5-6　離れた列の選択 ………………………………………… 100
- 5-6　データの入力 …………………………………………………………… 101
  - 5-6-1　文字データの入力 ……………………………………… 101
  - 5-6-2　数値データの入力 ……………………………………… 103
  - 5-6-3　日付データの入力 ……………………………………… 103
  - 5-6-4　オートフィル（連続データ）の入力 ………………… 104
- 5-7　データの修正 …………………………………………………………… 105
  - 5-7-1　セル内のデータをすべて消去 ………………………… 105
  - 5-7-2　セル内のデータをすべて上書きで修正 ……………… 106
  - 5-7-3　セル内のデータを一部修正 …………………………… 106
- 5-8　コピーと移動 …………………………………………………………… 107
- 5-9　列幅、行高の変更 ……………………………………………………… 110
  - 5-9-1　ワークシート全体の列幅の変更 ……………………… 110
  - 5-9-2　1つの列幅の変更 ……………………………………… 112
  - 5-9-3　連続した複数の列幅の変更 …………………………… 112
  - 5-9-4　離れた複数の列幅の変更 ……………………………… 113
- 5-10　文字の配置 …………………………………………………………… 114
  - 5-10-1　右揃え ………………………………………………… 114
  - 5-10-2　中央揃え ……………………………………………… 115
  - 5-10-3　セルを結合して中央揃え …………………………… 115
  - 5-10-4　均等割り付け ………………………………………… 116
- 5-11　名前を付けて保存 …………………………………………………… 118

5-12 ブックを閉じる	119
5-13 ブックを開く	120

CHAPTER 06　計算式と関数　　123

6-1 数式の入力	124
6-1-1 演算子	124
6-1-2 足し算	125
6-1-3 引き算	127
6-1-4 数式のコピー	128
6-1-5 自動再計算機能	129
6-2 関数の入力	129
6-2-1 関数の書式	129
6-2-2 「合計」を求めるSUM関数	130
6-2-3 「平均」を求めるAVERAGE関数	133
6-2-4 「最大値」を求めるMAX関数	135
6-2-5 「最小値」を求めるMIN関数	137
6-2-6 「数値データの個数」を数える関数	139
6-3 相対参照と絶対参照	141
6-3-1 相対参照	141
6-3-2 絶対参照	142
6-4 順位付けをするRANK.EQ関数	144
6-5 罫線	146
6-5-1 罫線を引く	146
6-5-2 線種の変更	148
6-5-3 斜め線を引く	152
6-5-4 塗りつぶしの色を設定	154
6-6 表示形式	155
6-6-1 桁区切りスタイルの設定	155
6-6-2 パーセントスタイルの設定	157
6-6-3 小数点以下の表示桁数の設定	158
6-7 上書き保存	159

CHAPTER 07　グラフの作成　　169

7-1 棒グラフの作成	171
7-2 グラフサイズの変更と移動	173
7-3 グラフの編集	175
7-3-1 種類の変更	175

	7-3-2 グラフ要素の書式設定	177
7-4	折れ線グラフの作成	183
7-5	円グラフの作成	185
7-6	グラフのレイアウト	187
7-7	印刷	189
	7-7-1 シート全体の印刷	189
	7-7-2 グラフのみの印刷	194

CHAPTER 08　関数の活用　　197

8-1	IF関数	198
8-2	AND関数、OR関数	203
	8-2-1 関数のネスト（AND関数）	203
	8-2-2 IF関数＋OR関数	207
	8-2-3 IF関数＋IF関数	207
8-3	VLOOKUP関数	211
	8-3-1 検索方法「検索値と完全に一致する値だけを検索する」	213
	8-3-2 検索方法「検索値の近似値を含めて検索する」	216
8-4	TODAY関数	219
8-5	DATEDIF関数	222
8-6	シート操作	225
	8-6-1 シート名の変更	225
	8-6-2 シート見出しの色の設定	226

CHAPTER 09　プレゼンテーションの作成　　233

9-1	PowerPointの画面構成	234
9-2	表示モードの切り替え	235
9-3	プレゼンテーションの作成	236
	9-3-1 プレゼンテーションの新規作成	237
	9-3-2 プレースホルダーとテキスト	238
	9-3-3 新しいスライドの挿入	239
	9-3-4 行間の変更	241
	9-3-5 箇条書きの編集	242
	9-3-6 イラストの挿入	244

CHAPTER 10　プレゼンテーションのデザイン　　251

10-1	スライドの作成	252

- 10-2 テーマの適用 254
- 10-3 テキストボックスの挿入 255
- 10-4 図形の挿入 257
- 10-5 SmartArtの挿入 258
- 10-6 スライドショーの実行 260
  - 10-6-1 画面の切り替え操作 260
  - 10-6-2 プレゼンテーションのリハーサル 261
  - 10-6-3 スライドへの書き込み 261

CHAPTER 11 コンピュータ概論　267

- 11-1 コンピュータの種類 268
- 11-2 コンピュータの5大装置 270
- 11-3 コンピュータで用いられる単位 271
- 11-4 ハードウェア 271
  - 11-4-1 CPU（中央演算処理装置） 271
  - 11-4-2 メモリ 272
  - 11-4-3 補助記憶装置 272
  - 11-4-4 入力装置 274
  - 11-4-5 出力装置 277
- 11-5 ソフトウェア 279
  - 11-5-1 OS（Operating System） 280
- 11-6 情報セキュリティ 283
  - 11-6-1 情報資産とは 283
  - 11-6-2 情報セキュリティの3要素 283
  - 11-6-3 情報セキュリティポリシー 284
- 11-7 情報モラル 284
  - 11-7-1 インターネット利用時の注意事項 284
  - 11-7-2 個人情報 285
- 11-8 知的財産権 286
  - 11-8-1 産業財産権 286
  - 11-8-2 著作権 287
  - 11-8-3 著作権の侵害 287
  - 11-8-4 著作権の例外 288
- 11-9 コンピュータウィルス 288

Index 291

CHAPTER 01

第1章 基本操作と文字の入力

Wordとは、マイクロソフト社が提供するOfficeに含まれる文書作成するためのソフトです。Wordは文書を作成するためのたくさんの補助機能を備えているので、表やグラフィック（写真、イラストなど）を挿入したり、図形を描いたりすることもできます。

この章で学ぶこと

この章では以下の項目を学習します。
きちんと理解できたら□にチェックを入れましょう。

1-1	Wordの起動	□	1-7	記号の入力	□
1-2	新規文書の作成	□	1-8	名前を付けて保存	□
1-3	Wordの画面構造	□	1-9	ファイルを開く	□
1-4	マウスポインタの形	□	1-10	文章の入力	□
1-5	Wordの終了	□	1-11	文字列の選択方法	
1-6	文字入力		1-11-1	文字単位の選択	□
1-6-1	ひらがなの入力	□	1-11-2	行単位の選択	□
1-6-2	文字の削除	□	1-12	コピーと移動	
1-6-3	カタカナの入力	□	1-12-1	コピー	□
1-6-4	アルファベットの入力	□	1-12-2	移動	□
1-6-5	数字の入力	□	1-13	上書き保存	□
1-6-6	漢字の入力と変換	□			

Wordの起動と終了、新規文書の作成方法を学習しましょう。

CHAPTER 01

1-1 Wordの起動と新規文書の作成

① Wordを起動しましょう。
② [白紙の文書] を選択します。

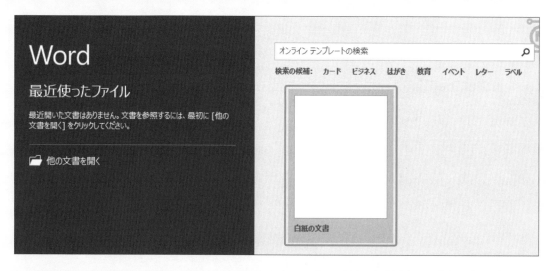

③ 新規文書の画面が表示されます。

1-2 Wordの画面構成

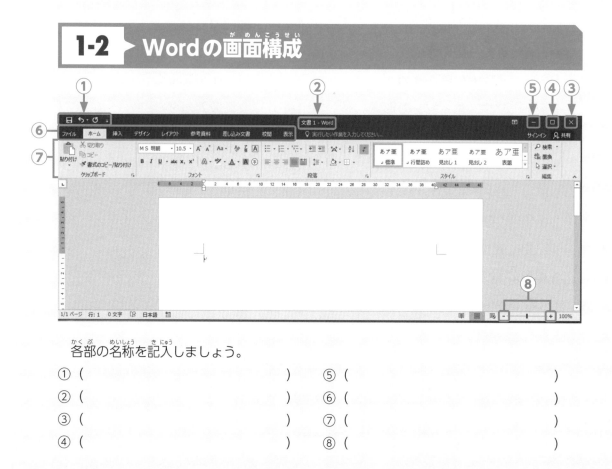

各部の名称を記入しましょう。

① (　　　　　　　　　　　　　　)　⑤ (　　　　　　　　　　　　　　)
② (　　　　　　　　　　　　　　)　⑥ (　　　　　　　　　　　　　　)
③ (　　　　　　　　　　　　　　)　⑦ (　　　　　　　　　　　　　　)
④ (　　　　　　　　　　　　　　)　⑧ (　　　　　　　　　　　　　　)

各部の名称と機能

	名称	機能
①	クイックアクセスツールバー	よく利用するコマンド［上書き保存］、［元に戻す］、［繰り返し］が登録されている。
②	タイトルバー	作成中の文書のファイル名やアプリケーション名が表示される。
③	閉じるボタン	ファイルを閉じて、プログラムも終了する。
④	元に戻すボタン／最大化ボタン	［最大化］はウィンドウが画面全体に広がる。 ［元に戻す］はウィンドウのサイズが元の大きさに戻る。 ボタンをクリックすると、［最大化］と［元に戻す］を交互に繰り返す。
⑤	最小化ボタン	ウィンドウを一番小さいサイズにしてディスプレイ画面上から一時的に隠す。
⑥	タブ	クイックアクセスツールバーの下に表示されており、Wordで使うコマンドが目的別にまとめられている。
⑦	リボン	関連したコマンドごとにグループ分けされている。 タブごとに表示されるリボンの内容は異なる。右下にある（ダイアログボックス起動ツール）をクリックすると、ダイアログボックスが表示される。
⑧	ズームスライダー	ウィンドウの表示倍率を変更する。「+」をクリックするごとに拡大表示されていき、「−」をクリックするごとに縮小表示されていく。
	カーソル	文字を入力する位置やコマンドの実行位置を示す。

1-3 マウスポインタの形

マウスポインタは、作業の内容によって形が変化します。

形	役割
I	文書内にある場合。
↖	タブやコマンドボタンをポイントした場合。クリックすると、コマンドを選択できる。
↗	文書ウィンドウの左側（左余白部分）をポイントした場合。クリックすると、行単位の範囲指定ができる。
↗	表内のセルをポイントした場合。クリックすると、セルの選択ができる。
+	領域を選択している場合。ドラッグすると、範囲を選択したり図形を描くことができる。
⤢	図形などのハンドルをポイントした場合。ドラッグすると、図形のサイズを変更できる。
✥	図形などをポイントした場合。ドラッグすると、移動することができる。

CHAPTER 01

1-4 Wordの終了

Wordを終了しましょう。

① 画面右上の[閉じる]をクリックします。

② Wordが終了します。

1-5 文字入力

文字を入力するときはローマ字入力を選択します。ローマ字入力は、日本語の読みをアルファベットで入力し、変換する方法です。

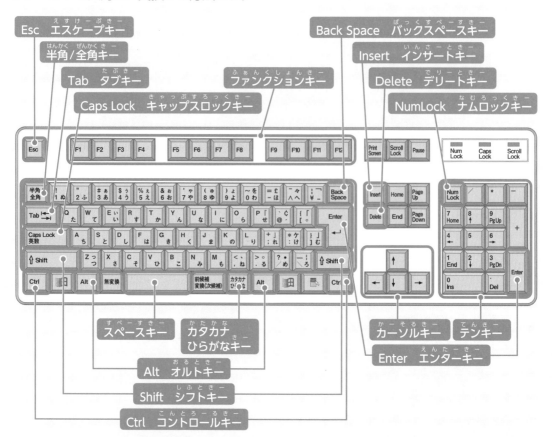

	A	I	U	E	O
あ行 A	あ A	い I	う U	え E	お O
	ぁ LA	ぃ LI	ぅ LU	ぇ LE	ぉ LO
か行 K	か KA	き KI	く KU	け KE	こ KO
	きゃ KYA	きぃ KYI	きゅ KYU	きぇ KYE	きょ KYO
さ行 S	さ SA	し SI SHI	す SU	せ SE	そ SO
	しゃ SYA SHA	しぃ SYI	しゅ SYU SHU	しぇ SYE SHE	しょ SYO SHO
た行 T	た TA	ち TI CHI	つ TU TSU	て TE	と TO
			っ(注1) LTU XTU		
	ちゃ TYA CYA CHA	ちぃ TYI CYI	ちゅ TYU CYU CHU	ちぇ TYE CYE CHE	ちょ TYO CYO CHO
	てゃ THA	てぃ THI	てゅ THU	てぇ THE	てょ THO
な行 N	な NA	に NI	ぬ NU	ね NE	の NO
	にゃ NYA	にぃ NYI	にゅ NYU	にぇ NYE	にょ NYO
は行 H	は HA	ひ HI	ふ HU FU	へ HE	ほ HO
	ひゃ HYA	ひぃ HYI	ひゅ HYU	ひぇ HYE	ひょ HYO
	ふぁ FA	ふぃ FI		ふぇ FE	ふぉ FO
ま行 M	ま MA	み MI	む MU	め ME	も MO
	みゃ MYA	みぃ MYI	みゅ MYU	みぇ MYE	みょ MYO

	A	I	U	E	O
や行 Y	や YA	い YI	ゆ YU	いぇ YE	よ YO
	ゃ LYA	ぃ LYI	ゅ LYU	ぇ LYE	ょ LYO
ら行 R	ら RA	り RI	る RU	れ RE	ろ RO
	りゃ RYA	りぃ RYI	りゅ RYU	りぇ RYE	りょ RYO
わ行 W	わ WA	うぃ WI	う WU	うぇ WE	を WO
ん N	ん NN	ん N			
が行 G	が GA	ぎ GI	ぐ GU	げ GE	ご GO
	ぎゃ GYA	ぎぃ GYI	ぎゅ GYU	ぎぇ GYE	ぎょ GYO
ざ行 Z	ざ ZA	じ ZI JI	ず ZU	ぜ ZE	ぞ ZO
	じゃ ZYA JA	じぃ ZYI	じゅ ZYU JU	じぇ ZYE JE	じょ ZYO JO
だ行 D	だ DA	ぢ DI	づ DU	で DE	ど DO
	ぢゃ DYA	ぢぃ DYI	ぢゅ DYU	ぢぇ DYE	ぢょ DYO
	でゃ DHA	でぃ DHI	でゅ DHU	でぇ DHE	でょ DHO
ば行 B	ば BA	び BI	ぶ BU	べ BE	ぼ BO
	びゃ BYA	びぃ BYI	びゅ BYU	びぇ BYE	びょ BYO
ぱ行 P	ぱ PA	ぴ PI	ぷ PU	ぺ PE	ぽ PO
	ぴゃ PYA	ぴぃ PYI	ぴゅ PYU	ぴぇ PYE	ぴょ PYO
うぁ行 V	うぁ VA	うぃ VI	う VU	うぇ VE	うぉ VO

注1) 促音は後ろに子音を2つ続ける（例：だった→DATTA）

キーボードにある文字の入力方法は次のとおりです。

Shiftキーを押しながら入力 → # あ
そのまま入力 → 3 あ

1-5-1　ひらがなの入力

操作 次のひらがなを入力しましょう。

> くるま　　ほん　　とらっく　　でんしゃ

① **K** **U** **R** **U** **M** **A**と入力します。
② くるまと画面に表示されます。**Enter**キーを押して確定します。
③ **Space**キーを押して、空白を入力します。
④ **H** **O** **N** **N**と入力します。んは**N** **N**と2回入力します。
⑤ ほんと画面に表示されます。**Enter**キーを押して確定します。
⑥ **Space**キーを押して、空白を入力します。
⑦ **T** **O** **R** **A** **K** **K** **U**と入力します。
　 小さなっは次の文字のアルファベットを2回入力します。
⑧ とらっくと画面に表示されます。**Enter**キーを押して確定します。
⑨ **Space**キーを押して、空白を入力します。
⑩ **D** **E** **N** **N** **S** **Y** **A**と入力します。
⑪ でんしゃと画面に表示されます。**Enter**キーを押して確定します。
⑫ もう一度**Enter**キーを押して強制改行し、次の行にカーソルを配置しましょう。

Point **Space**キーの役割

> **Space**キーには次の2つの役割があります。
> 　1. 文字の「確定前」は、変換キー
> 　2. 文字の「確定後」は、空白の入力

Point **Enter**キーの役割

> **Enter**キーには次の2つの役割があります。
> 　1. 文字の「確定前」は、変換を確定する
> 　2. 文字の「確定後」は、強制改行

操作 ひらがなを入力しましょう。

あいさつ	つくえ	いす	かばん
えんぴつ	けしごむ	ともだち	なかま
せんせい	なまえ	かんづめ	じいん
つうがく	だいがく	ふくさ	はいく
かぶき	ぼんおどり	いけばな	にほんぶよう
てんぷら	がくせきばんごう	ていきけん	ざいこうせい
としょかん	じゅぎょう	ちょうさ	きょうかしょ
りゅうがく	りょかん	きょうじゅ	しゅうしょくしけん
しゅっせき	がっこう	ぎょうかい	ちゅうい
にゅうがくしき	じょうしき	きゅうけい	びょういん

「びょういん」の入力が終わったら、強制改行しましょう。

1-5-2 文字の削除

入力のミスに気づいた時は、文字を削除しましょう。入力した文字を削除するには、Delete キーまたは Backspace キーを使います。

Enter キーを押す前、Enter キーを押した後も、同じ操作方法になります。

Point

1. Delete キーは、カーソル位置の右側の文字を削除します。
2. Backspace キーは、カーソル位置の左側の文字を削除します。

操作 練習しましょう。

1. Delete キーを使った文字の削除

   ① あいうえお１２３４５↵ と入力します。

   ② あいうえお|１２３４５↵ 「お」の後ろにカーソルを移動します。

   ③ Delete キーを１回押します。

   ④ あいうえお|２３４５↵ カーソルの右側の文字が削除されます。

2. Backspace キーを使った文字の削除

   ① Backspace キーを１回押します。

   ② あいうえ|２３４５↵　　カーソルの左側の文字が削除されます。

   ③ Enter キーを押して確定します。

④ もう一度 Enter キーを押して強制改行します。

1-5-3 カタカナの入力

操作 全角のカタカナを入力しましょう。

キーボード　ソフトウェア　デスクトップ

① K I - B O - D O と入力します。
② Space キーを押して、変換します。
③ キーボードと画面に表示されます。Enter キーを押して確定します。
④ Space キーを押して、空白を入力します。
⑤ S O F U T O W E A と入力します。
⑥ Space キーを押して、変換します。
⑦ ソフトウェアと画面に表示されます。Enter キーを押して確定します。
⑧ Space キーを押して、空白を入力します。
⑨ D E S U K U T O P P U と入力します。
⑩ Space キーを押して、変換します。
⑪ デスクトップと画面に表示されます。Enter キーを押して確定します。
⑫ もう一度 Enter キーを押して強制改行しましょう。

操作 全角カタカナを入力しましょう。

マウス	パソコン	スピーカー	プリンタ
ハードディスク	スマートフォン	メモリ	デジタルカメラ
ヘッドホン	デスク	ディスプレイ	ネットワーク
ピアノ	チェロ	フルート	バイオリン
マルチメディア	ラーメン	アルバイト	ストラテジ
ソリューション	コンサルティング	ダメージ	スイミング
テニス	ショールーム	クーポン	ケース
ライブラリ	ショートカット	ガーデニング	キャッチ
ショッピング	ギャップ	ジャンプ	オーシャンビュー
エアライン	ヴィーナス		

「ヴィーナス」の入力が終わったら、強制改行しましょう。

Point ファンクションキーを使った変換方法

ひらがなで入力した文字を、次の種類の文字に変換する方法です。

ファンクションキー

キー	名称	説明
F7	カタカナ変換キー	入力した文字を「カタカナ」に変換します。
F8	半角変換キー	入力した文字を「半角」に変換します。
F9	全角英数変換キー	入力した文字を「全角英数」に変換します。 1回目 ⇒ ｗｏｒｄ　すべて小文字 2回目 ⇒ ＷＯＲＤ　すべて大文字 3回目 ⇒ Ｗｏｒｄ　先頭の1文字のみ大文字
F10	半角英数変換キー	入力した文字を「半角英数」に変換します。 1回目 ⇒ word　すべて小文字 2回目 ⇒ WORD　すべて大文字 3回目 ⇒ Word　先頭の1文字のみ大文字

操作　F8キーを使って、半角のカタカナを入力しましょう。

アメリカ　ベトナム　ネパール

① AMERIKAと入力します。
③ あめりかと画面に表示されます。
② F8キーを押します。ｱﾒﾘｶと、半角カタカナに変換されます。Enterキーを押して確定します。
④ Spaceキーを押して、空白を入力します。
⑤ BETONAMUと入力します。
⑥ べとなむと画面に表示されます。
⑦ F8キーを押します。ﾍﾞﾄﾅﾑと、半角カタカナに変換されます。Enterキーを押して確定します。
⑧ Spaceキーを押して、空白を入力します。
⑨ NEPA-RUと入力します。
⑩ ねぱーると画面に表示されます。
⑪ F8キーを押します。ﾈﾊﾟｰﾙと、半角カタカナに変換されます。Enterキーを押して確定します。
⑫ もう一度Enterキーを押して強制改行しましょう。

CHAPTER 01

操作 半角カタカナを入力しましょう。

```
カナダ          ブラジル         メキシコ         カザフスタン      ミャンマー        インド
スコットランド    フランス         オーストラリア    カレーライス      パスタ           ハンバーガー
スクランブルエッグ  アイスクリーム    ウィンドウショッピング  シャーベット      ジョーク         ショーケース
サービスカスタマー  アクセシビリティ  スケート         テニス           ジェットコースター トランポリン
```

「トランポリン」の入力が終わったら、強制改行しましょう。

1-5-4 アルファベットの入力

操作 F9 キーを使って、全角のアルファベットを入力しましょう。

```
word    USA    Office
```

① W O R D と入力します。
② をｒｄと画面に表示されます。F9キーを押します。
③ ｗｏｒｄと画面に表示されます。Enterキーを押して確定します。
④ Spaceキーを押して、空白を入力します。
⑤ U S A と入力します。
⑥ うさと画面に表示されます。F9キーを2回押します。
⑦ ＵＳＡと画面に表示されます。Enterキーを押して確定します。
⑧ Spaceキーを押して、空白を入力します。
⑨ O F F I C E と入力します。
⑩ おっふぃせと画面に表示されます。F9キーを3回押します。
⑪ Ｏｆｆｉｃｅと画面に表示されます。Enterキーを押して確定します。
⑫ もう一度Enterキーを押して強制改行しましょう。

操作 全角のアルファベットを入力しましょう。

```
t e l            f a x            e x c e l
a c c e s s      c o m            i n f o
u p d a t e      A D S L          C A T V
L A N            W A N            D V D
C P U            C D - R O M      V I D E O
E - M a i l      I n t e r n e t  P o w e r P o i n t
C o u n t        M o b i l e
```

「Mobile」の入力が終わったら、強制改行しましょう。

操作 F10キーを使って、半角のアルファベットを入力しましょう。

```
Word    USA    Office
```

① W O R D と入力します。
② をrdと画面に表示されます。F10キーを押します。
③ wordと画面に表示されます。Enterキーを押して確定します。
④ Spaceキーを押して、空白を入力します。
⑤ U S A と入力します。
⑥ うさと画面に表示されます。F10キーを2回押します。
⑦ USAと画面に表示されます。Enterキーを押して確定します。
⑧ Spaceキーを押して、空白を入力します。
⑨ O F F I C E と入力します。
⑩ おっふぃせと画面に表示されます。F10キーを3回押します。
⑪ Officeと画面に表示されます。Enterキーを押して確定します。
⑫ もう一度Enterキーを押して強制改行しましょう。

Point

全角アルファベットとの違いを確認しましょう。

CHAPTER 01

操作 半角のアルファベットを入力しましょう。

```
max        min         average     auto        memory
hard       soft        disc        display     search
CPU        ETC         FTTH        GPS         KB
MB         DRAM        IC          MEDIA       ADDRESS
FILE       Software    Hardware    Output      Input
Rom        Blu-ray     Printer     Color       Scanner
```

「Scanner」の入力が終わったら、強制改行しましょう。

Point その他の方法

アルファベットのみを入力する場合は、言語バーの「入力モード」を選択して、「全角英数」または「半角英数」に切り替えて入力します。
大文字を入力する場合はShiftキーを押したまま入力します。

1-5-5 数字の入力

数字には全角文字、半角文字、漢数字、丸付き数字などがあり、変換の対象になります。

操作 次の数字を入力しましょう。

```
１２３４５    12345    五    ①
```

① 1 2 3 4 5 と入力します。全角の数字はキーボードの文字キーの数字を入力します。
② １２３４５と画面に表示されます。Enterキーを押します。
③ Spaceキーを押して、空白を入力します。
④ 1 2 3 4 5 と入力します。半角の数字はキーボードの右側にあるテンキーの数字を入力します。
⑤ 12345と画面に表示されます。Enterキーを押します。
⑥ Spaceキーを押して、空白を入力します。
⑦ 5 と入力します。

⑧ 5と画面に表示されます。Spaceキーを押して変換します。漢数字の「五」が表示されない場合は、もう一度Spaceキーを押して変換候補群を表示させます。該当する文字を選択します。
⑨ Enterキーを押して確定します。
⑩ Spaceキーを押して、空白を入力します。
⑪ 1と入力します。
⑫ 1と画面に表示されます。Spaceキーを押して変換します。丸付き数字の「①」が表示されない場合は、もう一度Spaceキーを押して変換候補群を表示させます。該当する文字を選択します。
⑬ Enterキーを押して確定します。
⑭ もう一度Enterキーを押して強制改行しましょう。

1-5-6 漢字の入力

日本語には同じ「読み」をする違う漢字がたくさんあります。これらの漢字を同音異義語[*1]といいます。入力する時には同音異義語の選択に注意が必要です。

操作 次の漢字を入力しましょう。

公園　　対照　　意思
---

① KOUENNと入力します。
② こうえんと画面に表示されます。Spaceキーを押して変換します。
「公園」が表示されない場合は、もう一度Spaceキーを押して変換候補群を表示させます。該当する文字を選択します。
③ Enterキーを押して確定します。
④ Spaceキーを押して、空白を入力します。
⑤ TAISYOUと入力します。
⑥ たいしょうと画面に表示されます。Spaceキーを押して変換します。
「対照」が表示されない場合は、もう一度Spaceキーを押して変換候補群を表示させます。該当する文字を選択します。
⑦ Enterキーを押して確定します。
⑧ Spaceキーを押して、空白を入力します。
⑨ ISIと入力します。

---

*1 同じ読みで意味が異なる語のことです。

⑩ いしと画面に表示されます。[Space]キーを押して変換します。
「意思」が表示されない場合は、もう一度[Space]キーを押して変換候補群を表示させます。該当する文字を選択します。
⑪ [Enter]キーを押して確定します。
⑫ もう一度[Enter]キーを押して強制改行しましょう。

操作 次の漢字を入力しましょう。

家庭	仮定	過程	補償	保障	保証
鑑賞	干渉	感傷	期間	機関	基幹
機能	昨日	汽車	貴社	記者	夏期
下記	柿	夏季	強制	矯正	共生
校歌	効果	高価	測る	図る	計る
合う	会う	遭う	暑い	厚い	熱い
作る	創る	造る	現す	表す	収める
納める	治める	両親	良心	観光	慣行
更新	行進	交信	入力	出力	記憶
演算	制御	編集	表示	印刷	処理
札幌	東京	大阪	福岡	情報収集	簿記
英会話	教科書	参考書	面接	筆記	入社試験
一般教養	英会話	適性検査	模試	日本語検定	集中講座
本社	支社	営業所	総務	経理	人事
送付状	お礼状	添付資料	履歴書	郵送	締切
発送	提出	期限	確認	練習	自己紹介
企業	印象	押印	承諾		

「承諾」の入力が終わったら、強制改行しましょう。

1-6 記号の入力

Point

記号を入力するには、3つの方法があります。

1. キーボードから入力
2. 記号の「読み」を入力して変換
3. 「記号と特殊文字」から入力

1-6-1 キーボードから入力

Point

キーボードにある記号は、Shiftキーを押したまま入力します。

操作 次の記号を入力しましょう。

```
!   "   #   $   %
```

① Shiftキーを押したまま、数字の1を入力します。
② ！と画面に表示されます。Enterキーを押して確定します。Spaceキーを押します。
③ Shiftキーを押したまま、数字の2を入力します。
④ "と画面に表示されます。Enterキーを押して確定します。Spaceキーを押して空白を入力します。
⑤ Shiftキーを押したまま、数字の3を入力します。
⑥ #と画面に表示されます。Enterキーを押して確定します。Spaceキーを押して空白を入力します。
⑦ Shiftキーを押したまま、数字の4を入力します。
⑧ $と画面に表示されます。Enterキーを押して確定します。Spaceキーを押して空白を入力します。
⑨ Shiftキーを押したまま、数字の5を入力します。
⑩ %と画面に表示されます。Enterキーを押して確定します。Spaceキーを押して空白を入力します。

1-6-2 記号の「読み」を入力して変換

操作 次の記号を入力しましょう。

○　■　△　→　☆

---

① M A R U と入力します。
② まると画面に表示されます。Space キーを押して変換します。
　「○」が表示されない場合は、もう一度 Space キーを押して変換候補群を表示させます。該当する記号を選択します。
③ Enter キーを押して確定し、Space キーを押して空白を入力します。
④ S I K A K U と入力します。
⑤ しかくと画面に表示されます。Space キーを押して変換します。
　「■」が表示されない場合は、もう一度 Space キーを押して変換候補群を表示させます。該当する記号を選択します。
⑥ Enter キーを押して確定し、Space キーを押して空白を入力します。
⑦ S A N N K A K U と入力します。
⑧ さんかくと画面に表示されます。Space キーを押して変換します。
　「△」が表示されない場合は、もう一度 Space キーを押して変換候補群を表示させます。該当する記号を選択します。
⑨ Enter キーを押して確定し、Space キーを押して空白を入力します。
⑩ Y A J I R U S I と入力します。
⑪ やじるしと画面に表示されます。Space キーを押して変換します。
　「→」が表示されない場合は、もう一度 Space キーを押して変換候補群を表示させます。該当する記号を選択します。
⑫ Enter キーを押して確定し、Space キーを押して空白を入力します。
⑬ H O S I と入力します。
⑭ ほしと画面に表示されます。Space キーを押して変換します。
　「☆」が表示されない場合は、もう一度 Space キーを押して変換候補群を表示させます。該当する記号を選択します。
⑮ Enter キーを押して確定し、Space キーを押して空白を入力します。
⑯ 強制改行しましょう。

1-6-3 記号と特殊文字

変換で入力できない記号は、[記号と特殊文字] から入力します。

操作 次の記号を入力しましょう。

♨

① 記号を入力する場所をクリックします（今回は、記号の入力の下の行頭にカーソルがあります）。
② [挿入] タブ → [記号と特殊文字] グループ → [記号と特殊文字] ボタンをクリックします。

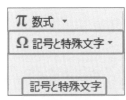

③ 記号の一覧が表示されます。[その他の記号] をクリックします。

④ 次のようなダイアログボックスが表示されます。

CHAPTER 01

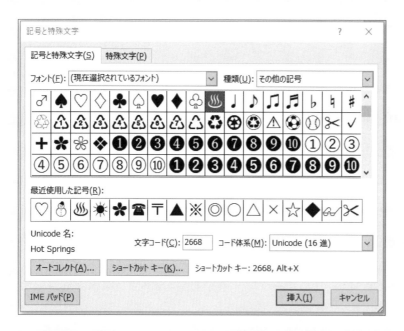

⑤ 温泉の記号をクリックすると と反転表示になります。
⑥ [挿入] をクリックすると、カーソル位置に が挿入されます。
⑦ [記号と特殊文字] ダイアログボックスの右上の [閉じる] ボタンをクリックすると、入力画面に戻ります。

Point

記号の「読み」が分からない場合は、「きごう」と入力して変換しましょう。

操作 次の記号を入力しましょう。

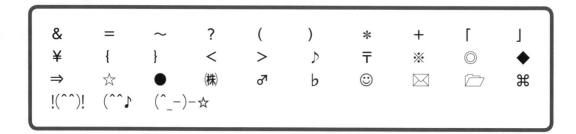

1-7 保存

作成した文書に名前を付けて記録する操作を「保存」といいます。「保存」は、作業の状態によっていくつかの種類があります。

1-7-1 名前を付けて保存

新しく作成したファイル、あるいは既存のファイルに別の名前を付けて保存するときに使用します。

操作 入力した文書を名前を付けて保存しましょう。

① [ファイル] タブをクリックします。
② [名前を付けて保存] をクリックします。

③ [参照] をクリックし、保存する任意の場所を選択します。その場合、次の3つを必ず確認しましょう。

- 保存する場所：(任意の場所)
- 保存するファイル名：文字入力（今回の保存するファイル名）
- 保存するファイルの種類：Word文書（*.docx）

④ [保存] をクリックします。
⑤ 入力画面に戻ります。タイトルバーにファイル名「文字入力.docx」が表示されます。
⑥ [ファイル] タブをクリックします。
⑦ [閉じる] をクリックして、「文字入力」の文書を閉じましょう。

Point

「名前を付けて保存」以外に「上書き保存」[2]、「ファイルの種類を変更して保存」[3]、「PDFファイル[4]として発行」などがあります。

---

[2] 既存のファイルを編集・加工し、そのままの状態を同じ場所、ファイル名で保存します。
[3] Word97-2003形式で保存したい場合などに使用します。
[4] PDFファイルを見るためにはAdobe Readerなどの閲覧ソフトが必要です。これらのソフトがインストールされていれば、Wordで作成したときと同じ外観で表示することができます。

1-8 ファイルを開く

保存したファイルを画面に呼び出すことを、ファイルを「開く」といいます。

操作 「文字入力」のファイルを開いてみましょう。

① [ファイル]タブ → [開く]をクリックします。

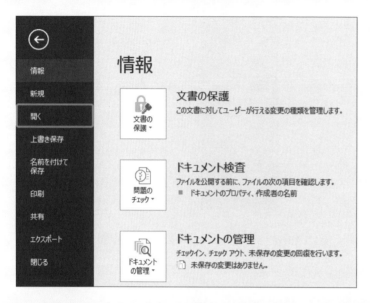

② [参照]をクリックし、保存した場所からファイルを開きます。

③ 「文字入力」のファイルが画面に開きます。
④ 確認したら、ファイルを閉じましょう。

1-9 文章の入力

　文章を入力するときは、文節単位で入力をします。文節とは、日本語の意味をこわさない程度に短く区切った単位の言葉です。変換は文節単位で表示されます。複数の文節を連続して入力した場合は、変換の対象になっている文節を指定してから正しい語句に変換しましょう。

操作　次の文章を入力しましょう。

[新規] → [白紙の文書] をクリックし、新しい文書を作成しましょう。

① ぶんしょのこうせいをする。と入力します。
② Space キーを押して変換します。
③ 文書の構成をする。と変換されます。
④ → キーを押すと、太いアンダーラインが「構成を」に移動します。
⑤ もう一度、Space キーを押して、変換候補群を表示します。

⑥ Space キーを押す、または ↓ ↑ を押して 校正を を選択します。
⑦ Enter キーを押して確定します。
⑧ Enter キーを押して、強制改行しましょう。
⑨ 入力した文章をすべて選択して、Delete キーを押して削除します。

CHAPTER 01

> **演習問題 1** 次の文章を入力しましょう。
> 入力後、名前を付けて保存しましょう。
>
> 保存する場所：任意　　ファイル名：演習問題1

毎日の努力の積み重ねが、後の結果としてあらわれます。
予習復習を欠かさずやることが、学生として大切です。
今日の天気は晴れの予想ですが、明日は雨になりそうです。
近くの公園には、ボランティアの方が植えた赤い花や白い花が咲いています。
最近では、犬を飼っている人の方が猫を飼っている人よりも多くなりました。
アルバイト先のシフト表をExcelを使って、作成する担当者になりました。
旅行会社のハワイツアーに申し込んで、今年の秋には旅行に行く予定です。

1-10　文字列の選択方法

文字単位、行単位で範囲を選択する方法を学習します。文書の編集を行うには、対象となる文字や行を範囲選択してから行います。

1-10-1　文字単位の選択

操作　文字の選択方法を練習しましょう。

① 1行目の「毎日」の左側をクリックします。
② 「毎日の」までドラッグします。

毎日の努力の積み重ねが、後の結果としてあらわれます。↵

③ 選択した範囲以外のところをクリックして、文字の選択を解除します。

Point　長い文字列の選択、離れた場所の文字列の選択

長い文字列を選択する場合は、範囲の先頭文字をクリックしたあと、最後の文字列のところで Shift キーを押したままクリックします。
離れた場所の文字列を選択する場合は、最初の文字列をドラッグして範囲選択したあと、Ctrl キーを押したまま次の文字列をドラッグして範囲選択します。

1-10-2　行単位の選択

操作 行の選択方法を練習しましょう。

① 1行目の左余白をポイントします。
② マウスポインタの形状が ⟋ に変わります。
③ クリックします。
④ 1行目がグレーに反転します。

毎日の努力の積み重ねが、後の結果としてあらわれます。

⑤ 選択した範囲以外のところをクリックして、行の選択を解除します。

Point 連続した複数の行の選択、離れた場所の行の選択

連続した複数の行を選択する場合は、先頭行の左余白をポイントしてクリックします。そのまま最後の行までドラッグします。
離れた場所の行を選択する場合は、先頭行の左余白をポイントしてクリックします。そのあと、Ctrlキーを押したまま次の行の左余白をポイントしてクリックします。

1-11　コピーと移動

同じ文字列を何度も入力する場合は「コピー」を使うと便利です。また、入力した後に文字を別の場所に移動する場合は「切り取り（移動）」を使います。

コピーと移動の操作の流れ

コピーと移動の操作は以下のような方法で行います。

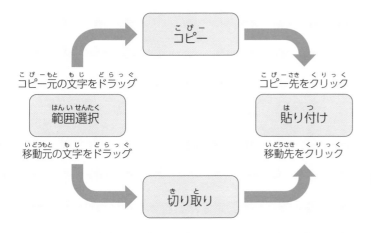

1-11-1 コピー

コピーを行う前に、コピー元に入力ミスがないか必ずチェックしましょう。入力ミスがあった場合は、ミスのある文字列をたくさん増やすことになるので注意が必要です。

操作 1行目の「毎日の」をコピーして、2行目の行頭に貼り付けましょう。

① コピーする文字列「毎日の」をドラッグして選択します。

毎日の努力の積み重ねが、後の結果としてあらわれます。

② [ホーム] タブ →[クリップボード] グループ
→ [コピー] ボタンをクリックします。

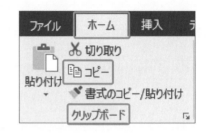

③ コピー先の2行目の行頭をクリックします。

予習復習を欠かさずやることが、学生として大切です。

④ [ホーム] タブ →[クリップボード] グループ
→ [貼り付け] ボタンをクリックします

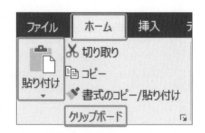

⑤ 「毎日の」の文字がコピーされます。

毎日の予習復習を欠かさずやることが、学生として大切です。

Point [元に戻す]ボタン

クイックアクセスツールバーにあるボタンをクリックすると、行った操作をすぐに元の状態に戻します。
複数の操作を元に戻すには ボタンの右側にある▼をクリックし、該当する操作のところでクリックします。

1-11-2 移動

　入力した文字列を別の場所に移動しましょう。移動は1回の操作で完了する場合と、何度か繰り返して操作が完了する場合があります。

　まず、1回の操作で移動が完了する操作を練習しましょう。

操作 6行目の「Excelを使って、」の文字列を、行頭に移動しましょう。

① 移動する文字列「Excelを使って、」をドラッグして選択します。

アルバイト先のシフト表を Excelを使って、作成する担当者になりました。

② [ホーム] タブ → [クリップボード] グループ → [切り取り] ボタンをクリックします

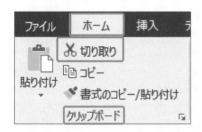

③ 移動先の6行目の行頭をクリックします。
④ [貼り付け] ボタンをクリックすると、「Excelを使って、」の文字が移動します。

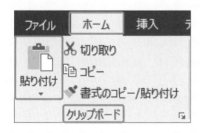

Excelを使って、アルバイト先のシフト表を作成する担当者になりました。

次に、2回の操作で移動が完了する操作を練習しましょう。

> **操作** 3行目の「晴れ」と「雨」の文字列を移動して入れ替えましょう。

① 移動する文字列「晴れ」をドラッグして選択します。

今日の天気は晴れの予想ですが、明日は雨になりそうです。↵

② [ホーム] タブ → [クリップボード] グループ → [切り取り] ボタンをクリックします。

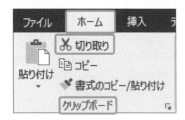

③ 移動先「雨」の左側をクリックします。

今日の天気はの予想ですが、明日は|雨になりそうです。↵

④ [貼り付け] ボタンをクリックすると、「晴れ」の文字が移動します。

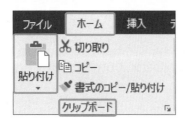

今日の天気はの予想ですが、明日は晴れ雨になりそうです。↵

⑤ 移動する文字列「雨」をドラッグして選択します。

今日の天気はの予想ですが、明日は晴れ雨になりそうです。↵

⑥ [ホーム] タブ → [クリップボード] グループ → [切り取り] ボタンをクリックします。

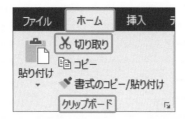

⑦ 移動先「天気は」の右側をクリックします。

今日の天気は|の予想ですが、明日は晴れになりそうです。

⑧ [貼り付け] ボタンをクリックすると、「晴れ」の文字が移動します。

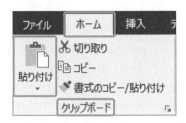

今日の天気は雨の予想ですが、明日は晴れになりそうです。

1-12 上書き保存

操作 上書き保存しましょう。

① [ファイル] タブをクリックします。
② [上書き保存] をクリックします。

③ ファイルを [閉じる] の操作を行いましょう。

CHAPTER 01

> **演習問題 2** ファイル名「演習問題1」を開いて、
> コピーと移動を使って以下のように訂正しましょう。

① 7行目の「ハワイ」を「旅行に」の前にコピーしましょう。

> 旅行会社のハワイツアーに申し込んで、今年の秋にはハワイ旅行に行く予定です。

② 5行目の「犬」と「猫」を移動しましょう。

> 最近では、猫を飼っている人の方が犬を飼っている人よりも多くなりました。

③ ［上書き保存］を実行後、ファイルを［閉じる］の操作を行いましょう。

> **演習問題 3** 次の文章を入力しましょう。
> 入力後、名前を付けて保存しましょう。
> ファイル名：茶道   「日本文化いろは辞典」より抜粋

> 茶道は、抹茶を飲み楽しむ事に様々な文化が加わって発展しました。
>
> 　つまり、茶室や庭など住まいに関する空間、茶道具を選んだり鑑賞したりする工芸、そしてお茶会に出てくる懐石料理や和菓子などの食、客人を気持ちよくもてなすための点前作法が融合した総合芸術です。
>
> 　さらに、茶道は禅宗と深く関わり「わび・さび」という精神文化を生み出しました。
>
> 　「わび・さび」とは、わびしい、さびしい、という満たされない状態を認め、慎み深く行動することを言います。茶道においては、この「わび・さび」の精神を大切にし、茶室という静かな空間で茶を点てることに集中することで心を落ち着かせます。その事によって自分自身を見直し、精神を高めます。

また、茶道では「一期一会」という言葉があります。これは「人との出会いを一生に一度のものと思い、相手に対し最善を尽くす」という意味の言葉です。

茶道ではこれら精神にのっとってお茶をたてる事を大切にしています。

演習問題4 次の文章を入力しましょう。
入力後、名前を付けて保存しましょう。

ファイル名：畳の文化　　　　　　　　　　　　　　　「noren japan」参照

畳は日本の住環境を代表する建築材です。ごろりと横に寝転がってい草の香りを吸い込むと自然と体の力が抜け、眠たくなってきます。

日本の文化の多くは中国大陸から伝わった物が多いのですが、畳は日本にしかない固有の文化です。畳の原点となる物は古代から存在しましたが、現在のような厚みがあり、常に地面に設置しておく物ではなく、むしろやござといった薄い敷物のような物でした。使わない時は部屋の隅に畳んで置いたことから、それらの総称をタタミと呼んでいたと言われています。現在の畳の姿に近づいたのは平安時代に入ってからのことです。以降、畳は湿度が高く変化に富む日本の気候に合わせた進化を遂げて現在まで続いています。

畳に使われているい草の生産量は熊本県が日本一で、国産畳表の８０～９０％のシェアを誇っています。近年では住宅環境の西洋化などで畳離れが進み、生産量が減少していましたが、健康志向の高まりや自然素材への注目により国産畳の価値が再び見直され始めています。

演習問題 5

次の文章を入力しましょう。
入力後、名前を付けて保存しましょう。

ファイル名：和菓子

「全国和菓子協会」参照

「和菓子」の種類はたくさんありますが、その中でも私たち日本人にとって身近なものとして「饅頭」があります。饅頭は大きく分類すると、「蒸し饅頭」と「焼き饅頭」の2つに分けられます。

蒸し饅頭は、「種」と呼ばれる皮の部分で餡を包み、蒸したものをいいます。餡の種類には小豆のつぶし餡、うぐいす餡、栗餡、ごま餡、抹茶餡など数限りなくあります。外側の種も小麦粉、米粉でつくる上用粉、そば粉、もち米でつくるかるかん粉、葛などがあり、その他、ざっとあげるだけでも数十種類にもなります。

焼き饅頭には、オーブンで焼く栗饅頭やカステラ饅頭があります。

和菓子は規格品ではありません。その形、大きさ、餡や種に自由な発想を盛り込むことができます。日本中どこに行っても、その土地の地方色を生かし、職人が工夫を凝らした名物の饅頭が観光地などに必ずあります。全国に何種類の饅頭があるのか数えられるものではありません。和菓子はつくる職人の数だけ種類があるということになるのです。

演習問題 6
次の文章を入力しましょう。
入力後、名前を付けて保存しましょう。

ファイル名：伝統芸能

　日本には数多くの伝統芸能があります。伝統芸能とは、日本で発展した芸術と技量（ある物事を行う能力、腕前）のことをいいます。これらは特別な催し事や多くの人々の娯楽、教養、儀式や祭事（神や祖先などをまつる儀式、その行事）などで催されたもののことをいいます。その伝統芸能には有形無形のものがあります。

　伝統芸能には、和歌から派生（もとになるものから分かれてできること）した長歌や短歌、俳句など、さまざまな形のものが存在する「歌」、舞台の上でその歌を披露する形式がとられている雅楽、邦楽、浄瑠璃、唄などの「音楽」、現代でも多くの役者たちがその演技を舞台などで披露している歌舞伎、人形浄瑠璃、能楽、狂言などの「演劇」、さまざまな踊りや流派が存在している「日本舞踊」などがあります。

　また、講談や落語、花火などといった「演芸」、陶芸や彫金などの「工芸」、茶道や華道などの「芸道」も日本の伝統芸能のひとつとしてあげられます。

　これらは歴史あるものばかりで、古くから先人たちの手によって発表され、今現在まで普及してきたものです。

CHAPTER 01

> **演習問題 7** 次の文章を入力しましょう。
> 入力後、名前を付けて保存しましょう。
> ファイル名：お礼状

　内定通知書とは、どういうものなのでしょうか？企業から正式に内定が決まると、内定者本人に知らせる「あなたは我が社に内定しました」と書いてある書類が送られてきます。これが内定通知書です。この内定通知書を受け取ったら、その企業に対してお礼を述べる文書、お礼状を送ります。

　お礼状には、内定までのさまざまな試験や面接にたくさんの時間をかけてくれている企業に対して、自分を選んでくれたお礼を述べるという意味合いがあります。

　就活では、かならず内定した企業にお礼状を出さなければならないというわけではありません。お礼状を出さなかったからといって、内定を取り消されてしまった、という話は聞いたこともありません。

　しかしながら、企業は自分に対してたくさんの時間を投資してくれています。しかも、「これから一緒に働きたい」という意思を見せてくれています。そういう企業の思いに対して、これからの意気込みや感謝の気持ちを伝える、という意味でもお礼状を出すことはとても大切なのです。さらに、お礼状は内定通知書が届いてからできるだけ早めに、遅くとも7日以内には出すようにしましょう。

演習問題 8

次の文章を入力しましょう。
入力後、名前を付けて保存しましょう。

ファイル名：お花見　　　　　関西電力ホームページより参照

　寒い冬が終わり、あたたかい春がやってきたことを知らせてくれる、代表的な花といえば「桜」です。

　そもそもなぜ、お花見をするようになったのでしょうか？

　今から1,000～2,000年も昔のことです。農民は田んぼには「田の神様」がいると考えていました。田の神様は、寒い冬の間は山へ行き、暖かい春になると農民たちが住んでいる村へ帰ってくると信じられていました。

　そして、春になって桜が咲くと、農民たちは「田の神様が帰ってきた」と考え、桜の木の周りに集まり、田の神様におもてなしをしていました。これがお花見のはじまりといわれています。けれども、その頃のお花見というのは、今のようなお花見とは違って、「田んぼにお米が沢山実りますように」という「お祈り」のようなものだったと言われています。

　また、桜の咲き具合によって、その年にお米がどのくらい収穫できるのかを占ったり、「悪いことが起きないように」と「厄除け」をしていたとも言われています。

　「田の神様をおもてなしする行事」から、今のように「きれいに咲いた桜を楽しむ」というお花見が始まったのは、今から1,200年ほど前の平安時代だと言われています。

　平安時代には、当時「貴族」とよばれる人たちの間でだけ、美しい桜の花を見ながら詩を作るのを楽しんだこと、これが今のお花見のもとだと言われています。それが鎌倉時代になると、少しずつ貴族以外にもお花見が広がっていきました。

　そして、江戸時代になると身分に関係なく、みんなが美しい桜の木の下に集まって、お弁当を食べたり、歌をうたったりしながら春のおとずれを楽しむという、今のお花見のスタイルが確立されました。

CHAPTER 01

演習問題 9 次の文章を入力しましょう。
入力後、名前を付けて保存しましょう。
ファイル名：エントリーシート

　エントリーシートと履歴書の違いをご存知ですか？履歴書とは技能・学歴・職歴・資格・実績などを企業に伝えるための書類です。エントリーシートとは、「その学生がどんな人なのか」、企業が学生について履歴書だけではわからない人柄について、面接前に知っておくために課題として求める書類です。つまり、学生にはその仕事に役立つ技能や実績がないので、人柄やポテンシャルを見るしかないということです。

　会わずにその人柄が書類だけでわかるわけがない、と思う人もいます。エントリーシートでは、履歴書では問われないような、会社独自の質問を問われます。そして仕事で通用するスキルは今の段階ではまだなくても、その業界や仕事に合うかどうかを見極めるための質問に答える必要があります。

　では、企業はエントリーシートでどんな設問をしてくるのでしょうか？学生がどんな人なのか？を知るために、企業はエントリーシートで以下のような質問をします。

　まずは、その学生が「企業で活躍してくれそうな」学生であるかどうかです。企業で活躍するには、企業ごとに異なる能力が必要です。応募者の学生が、自社で活躍するための能力を持っているか？を確認しようとします。

　次に、いくら能力があっても、熱意がない人材は会社の役には立ちません。この企業への「学生の熱意・志望度」を問う設問をしてきます。

　最後に、企業のエントリーシートでの設問はだいたい2〜3個です。上記の設問は大筋で予想される設問なので、学生も参考資料などで模範解答を準備するなどの対策をしてきます。そうすると、本当の学生の考え方が見えなくなってしまうことがあります。そこで、学生の「知識や自分の頭で考える力」を問う設問をしてきます。そのためにも日頃から「自分で考える」習慣をつけておきましょう。

CHAPTER 02

第2章 ビジネス文書の作成

第2章では、「ビジネス文書」の作成方法、フォーム、文字や行の書式を学びます。「ビジネス文書」とは、依頼文、報告書、議事録、お詫び状、送付状、eメール、封筒の宛名など、ビジネスで使われる文書のことです。

この章で学ぶこと
この章では以下の項目を学習します。
きちんと理解できたら□にチェックを入れましょう。

2-1	ビジネス文書のフォーム ☐	2-6	文字の書式 ☐
2-2	ビジネス文書の作成手順 ☐	2-7	段落の書式 ☐
2-3	新規文書の作成 ☐	2-7-1	中央揃え、右揃え ☐
2-4	ページ設定 ☐	2-7-2	均等割り付け ☐
2-4-1	余白の設定 ☐	2-7-3	インデント ☐
2-4-2	文字数と行数の設定 ☐	2-7-4	段落番号と箇条書き ☐
2-5	文書の入力 ☐		

CHAPTER 02

2-1 ビジネス文書のフォーム

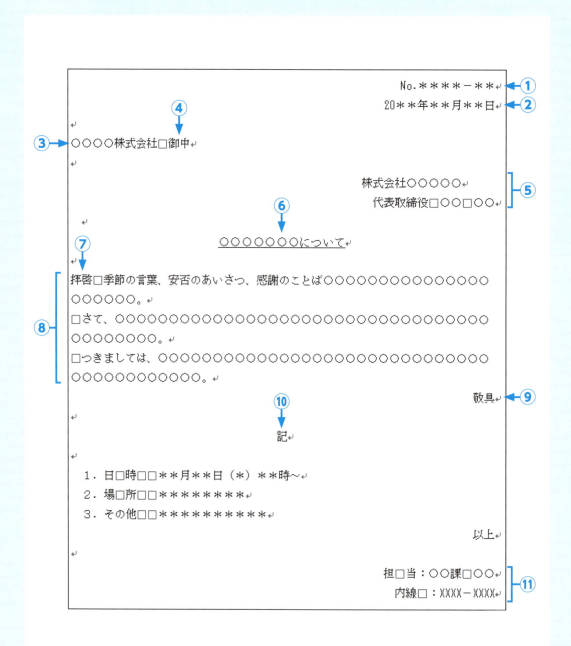

各部の名称と説明

	名称	説明
①	文書番号	内容や種類など、必要に応じて文書を分類し記号をつけます。
②	日付	発信日付を入力します。
③	受信者名	文書を受け取る団体・会社名、部署名、役職、個人名を入力します。
④	敬称	御中　会社、団体の場合 様　　対象者が1名の場合 各位　対象者が複数名の場合
⑤	発信者名	文書を出す団体・会社名や、（基本的には会社の責任のある）役職名、個人名を入力します。
⑥	件名	文書の内容が分かるようにタイトルを入力します。
⑦	頭語	拝啓、謹啓、前略　など
⑧	本文	前文→主文→末文の順に簡潔にまとめます。 前文は「拝啓」など頭語の次は時候の挨拶《時候の挨拶一覧》参照、安否の挨拶、感謝の挨拶と入力します。 主文は『さて』と転語を用いて本論を入力します。 末文は『まずは』『とりあえず』ではじまり、『敬具』など結語で終わります。
⑨	結語	敬具、草々　など
⑩	別記	大切なポイントは本文の下に箇条書きにまとめて入力します。
⑪	担当者	文書作成者名や担当者名、問い合わせの電話番号も入力します。

時候の挨拶一覧

1月	新春の候、初春の候、厳寒の候	7月	向暑の候、仲夏の候、盛夏の候
2月	余寒の候、向春の候、晩冬の候	8月	残暑の候、新涼の候、晩夏の候
3月	早春の候、春寒の候、春分の候	9月	初夏の候、涼風の候、秋冷の候
4月	桜花の候、春暖の候、春日の候	10月	秋冷の候、仲秋の候、秋涼の候
5月	若葉の候、青葉の候、惜春の候	11月	晩秋の候、新秋の候、余寒の候
6月	入梅の候、梅雨の候、初夏の候	12月	初冬の候、師走の候、霜寒の候

2-2 ビジネス文書の作成手順

文書を作成するときは、次のような手順で作成します。

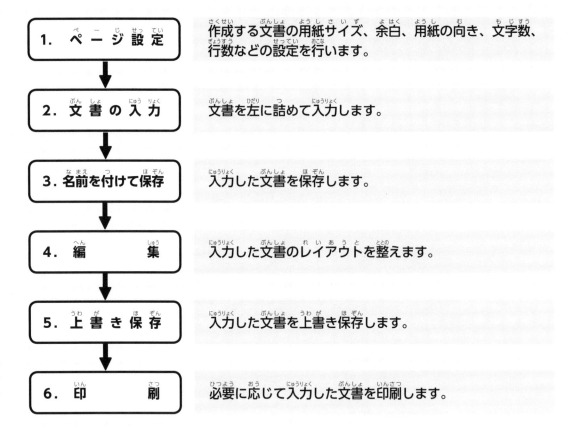

Point

ページ設定の変更は、作成途中や作成後も可能です。

Point

［名前を付けて保存］した後の文書の保存は、ある程度の作業が進んだら、こまめに［上書き保存］をしましょう。

2-3 新規文書の作成

完成例

20＊＊年＊＊月＊＊日

株式会社平森食品
□人事部人事担当□森田□智之様

東京都＊＊＊区＊＊＊0-0-0
藤林大学経済学部経営学科
井上□太郎

応募書類の送付について

拝啓□貴社ますますご清栄のこととお慶び申し上げます。
□このたび、貴社の新卒採用に応募させて頂きたく、下記の応募書類をご送付させていただきました。ご検討のうえ、是非ともご面談の機会を頂けますと幸いです。
□ご査収のほど、よろしくお願い申し上げます。

敬具

記

添付書類

  1. エントリーシート□□1枚
  2. 履　　歴　　書□□1枚

以上

CHAPTER 02

操作 ビジネス文書を作成しましょう。

① Wordを起動します。
② [白紙の文書] をクリックします。

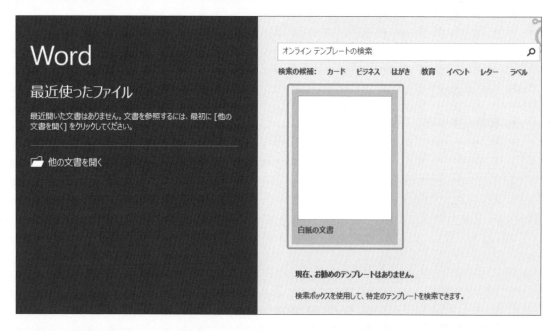

③ 新しい文書ウィンドウが開きます。タイトルバーに「文書1」と表示されます。

2-4 ページ設定

[ページ設定]とは、用紙のサイズ、余白の大きさ、縦書き、横書き、行数、文字数などを設定することです。

① [レイアウト] タブをクリックします。

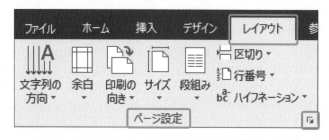

② [ページ設定] グループの ダイアログボックス起動ツールボタンをクリックします。

③ [ページ設定] のダイアログボックスが開きます。

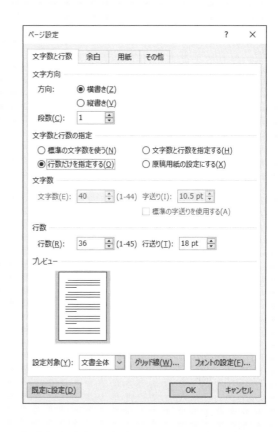

2-4-1 余白の設定

操作 [余白] の設定をしましょう。

① [余白] タブをクリックします。
② [上] を40mmに変更します。

2-4-2 文字数と行数の設定

操作 [文字数と行数]の設定をしましょう。

① [文字数と行数]タブをクリックします。
② [文字数と行数の指定]の[文字数と行数を指定する]をクリックします。
③ [文字数]を38字に変更します。
④ [行数]を24行に変更します。
⑤ [OK]をクリックして、ダイアログボックスを閉じます。

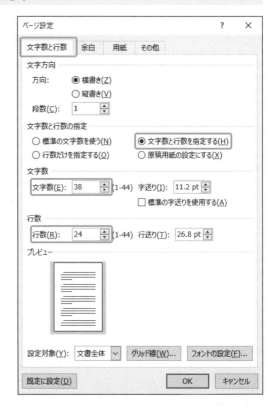

2-5 文章の入力

[ページ設定]が終わったら、文章を入力します。文章は左に詰めて入力します。レイアウトなどの書式は、全ての入力が終わってから設定します。文書内の□はスペースを入力しましょう。

Point

空白の行は Enter キーを押して改行しましょう。
数字、記号はすべて全角文字で入力しましょう。

Point

1. 「拝啓」と入力して Space キーを押すと、自動的に「敬具」が入力され、その行の右に配置されます。
2. 「記」と入力して Enter キーを押すと、自動的にその行の中央に配置されます。さらに、「以上」が自動的に入力され、その行の右に配置されます。

操作 左に詰めて入力しましょう。
入力が終わったら、文書に名前を付けて保存をしましょう。

保存場所：任意の場所　　ファイル名：送り状

20**年**月**日

株式会社平森食品
□人事部人事担当□森田□智之様

東京都＊＊＊区＊＊＊0－0－0
藤林大学経済学部経営学科
井上□太郎

応募書類の送付について

拝啓□貴社ますますご清栄のこととお慶び申し上げます。
□このたび、貴社の新卒採用に応募させて頂きたく、下記の応募書類をご送付させていただきました。ご検討のうえ、是非ともご面談の機会を頂けますと幸いです。
□ご査収のほど、よろしくお願い申し上げます。

敬具

記

添付書類
エントリーシート□□1枚
履歴書□□1枚

以上

2-6 文字の書式

文字に書式を設定するときは、[ホーム] タブ → [フォント] グループを使用します。書式を設定する文字列をドラッグして範囲選択し、ボタンをクリックして設定します。一覧に項目がない場合は、[フォント] グループの [ダイアログボックス] を起動して設定します。

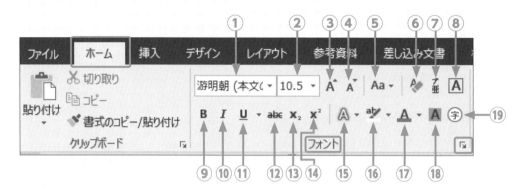

ボタンの名前と機能

	名前	機能
①	フォント	文字の書体、形。
②	フォントサイズ	文字の大きさ。
③	フォントサイズの拡大	フォントサイズを今よりも大きくする。
④	フォントサイズの縮小	フォントサイズを今よりも小さくする。
⑤	文字種の変更	選んだ文字列を大文字、小文字、その他の種類に変更する。
⑥	すべての書式をクリア	すべての設定を解除する。
⑦	ルビ	漢字などに付けるふりがなのこと。 《例》漢字
⑧	囲み線	文字列を罫線で囲む。 《例》囲み線
⑨	太字	文字の線を通常の書式より太くした書体。
⑩	斜体	文字を(斜体)斜めにする。 《例》斜体
⑪	下線	文字に下線を付ける。 《例》下線
⑫	取り消し線	文字の中央に引く線。 《例》取り消し線
⑬	下付き	小さな文字を下寄りに付けること。 《例》H_2O
⑭	上付き	小さな文字を上寄りに付けること。 《例》10^2
⑮	文字の効果と体裁	影や光彩を表示したり、輪郭を付けたりして、さまざまな特殊効果を設定する。
⑯	蛍光ペンの色	文字に明るい色を付けて塗る。

名前	機能
⑰ フォントの色	文字の色を変更する。
⑱ 文字の網かけ	文字の背景に網目を加えること。　《例》網かけ
⑲ 囲い文字	文字列を○や□などの図形で囲む設定。　《例》㊂

操作　文字に書式を設定しましょう。

① フォントを変更しましょう。10行目の「応募書類の送付について」を範囲選択します。

井上□太郎

応募書類の送付について

② ［フォント］の右側の MS 明朝 ▼ をクリックして、「HGSゴシックM」をクリックします。

③ フォントサイズを変更しましょう。［フォントサイズ］の右側の 10.5 ▼ をクリックして、「14」をクリックします。

井上□太郎

応募書類の送付について

④ 太字と斜体の設定をしましょう。20行目の「添付書類」を範囲選択します。

添付書類
エントリーシート□□1枚
履歴書□□1枚

⑤ ［太字］の **B** をクリックします。続いて［斜体］の *I* をクリックします。

添付書類
エントリーシート□□1枚
履歴書□□1枚

Point　太字、斜体の解除

［太字］、［斜体］のボタンをもう一度クリックすると、設定が解除されます。

⑥ 下線を設定しましょう。21行目の「エントリーシート」を範囲選択し、続いて Ctrl キーを押しながら22行目の「履歴書」を範囲選択します。

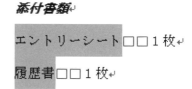

⑦ ［下線］の U をクリックします。

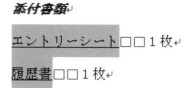

Point 下線の解除

［下線］のボタンをもう一度クリックすると、設定が解除されます。

Point

それ以外の種類の［下線］を設定する場合は、［下線］の右側の U▼ をクリックして線種を選びます。

⑧ ［上書き保存］しましょう。

2-7 段落の書式設定

段落に書式を設定するときは、[ホーム] タブ → [段落] グループを使用します。書式を設定する段落を範囲選択し、ボタンをクリックして設定します。一覧に項目がない場合は、[段落] グループのダイアログボックスを起動して設定します。

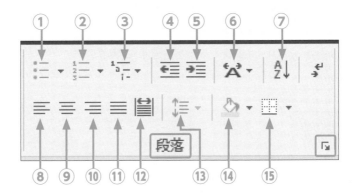

ボタンの名前と機能

	名前	機能
①	箇条書き	行の先頭に記号やマークを付ける機能。
②	段落番号	行の先頭に番号を付ける機能。
③	アウトライン	箇条書きで書き出した項目の順番を並べ替えたり、階層を作ったりする。
④	インデントを減らす	段落と余白との間隔を狭くする。
⑤	インデントを増やす	段落と余白との間隔を広くする。
⑥	拡張書式	特殊な設定機能。
⑦	並べ替え	データを並べ替える機能。
⑧	左揃え	文字列を左余白に合わせる。
⑨	中央揃え	文字列を中央に揃える。
⑩	右揃え	文字列を右余白の内側に揃える。
⑪	両端揃え	余白と余白の間にある文字列を均等に配置し、文書の端を綺麗に揃える。
⑫	均等割り付け	文字列の幅を調整する。
⑬	行と段落の間隔	行や段落の間隔を変更する。
⑭	塗りつぶし	選択した文字、段落、表のセルの背景に色を設定する。
⑮	罫線	線を引いたり、線種を変更したりする。

2-7-1 中央揃え、右揃え

操作 段落の書式を設定しましょう。

① 「右揃え」の設定をしましょう。1行目をクリックします。段落の書式なので、段落内であればカーソルの位置は問いません。
② ［ホーム］タブ →［フォント］グループ →［右揃え］の ≡ をクリックします。1行目の文字列が右に配置されます。
③ 6行目から8行目までをドラッグして範囲選択します。

東京都＊＊＊区＊＊＊０－０－０↵
藤林大学経済学部経営学科↵
井上□太郎↵

④ ［右揃え］の ≡ をクリックします。6行目から8行目までの文字列が右に配置されます。

２０＊＊年＊＊月＊＊日↵
↵
株式会社平森食品↵
□人事部人事担当□森田□智之様↵
↵

東京都＊＊＊区＊＊＊０－０－０↵
藤林大学経済学部経営学科↵
井上□太郎↵

Point 右揃えの解除

［右揃え］の ≡ をもう一度クリックすると、設定が解除されます。

⑤ 中央揃えの設定をしましょう。10行目をクリックします。段落の書式なので、段落内であればカーソルの位置は問いません。

⑥ [ホーム] タブ → [フォント] グループ → [中央揃え] の ≡ をクリックします。
10行目の文字列が中央に配置されます。

　　　　　　　　　　　　　　　　　　　　　　　　　　　井上□太郎↵

↵

　　　　　　　　　　応募書類の送付について↵

Point　中央揃えの解除

[中央揃え] の ≡ をもう一度クリックすると、設定が解除されます。

2-7-2　均等割り付け

「均等割り付け」とは、文字を指定した文字幅の中に配置して、見栄えも良く、読みやすい設定をすることです。

操作　均等割り付けの設定をしましょう。

① 22行目の「履歴書」をドラッグして範囲選択します。
② [ホーム] タブ → [段落] グループ → [均等割り付け] の をクリックします。
　 [文字の均等割り付け] ダイアログボックスが表示されます。
③ [新しい文字列の幅] を「8字」に変更します。

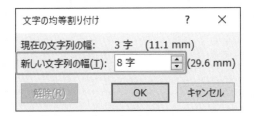

④ [OK] をクリックします。
⑤ 「エントリーシート」と「履歴書」の文字の幅が揃いました。

添付書類↵

エントリーシート□□1枚↵

履　　歴　　書□□1枚↵

CHAPTER 02

Point 均等割り付けの解除

均等割り付けを解除するには、設定した文字列をクリックし、[ホーム] タブ → [段落] グループ → [均等割り付け] → ダイアログボックスの [解除] ボタンをクリックします。

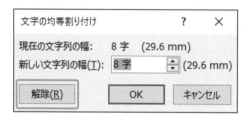

2-7-3 インデント

操作 「インデント」を使って、段落の1文字目の位置を変更しましょう。

① 20行目をクリックします。段落の書式なので、段落内であればカーソルの位置は問いません。

② [ホーム] タブ → [段落] グループ → [インデントを増やす] の 三 をクリックします。段落の左側が1文字分、右へ変更されました。続けて2回クリックします。

添付書類

エントリーシート□□1枚

履　　歴　　書□□1枚

③ 21行目と22行目を範囲選択します。同じく [インデントを増やす] の 三 を4回クリックします。

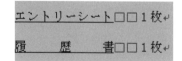

以上

Point インデントの解除

[インデントを減らす] ボタン 三 をクリックして戻します。

050

2-7-4 段落番号と箇条書き

操作 段落の先頭に番号を設定しましょう。

① 21行目と22行目が選択されていることを確認します。[ホーム] タブ → [段落] グループ → [段落番号] の ≣ をクリックします。番号が設定されます。

```
添付書類
    1.→エントリーシート□□1枚
    2.→履    歴    書□□1枚
                                            以上
```

② [上書き保存] しましょう。
③ ファイルを閉じましょう。

Point 段落番号の解除

≣▾ をクリックする、またはボタンの右側にある▼をクリックして なし を選択します。

Point その他の段落番号の設定

その他の段落番号を設定する場合は、[段落番号] の ≣▾ をクリックし、種類を選択します。

Point 箇条書きの設定と解除

段落の先頭に記号を設定することもできます。[ホーム] タブ → [段落] グループ → [箇条書き] の ≔▾ をクリックし、種類を選択します。
解除は ≔▾ をクリックする、またはボタンの右側にある▼をクリックして なし を選択します。

CHAPTER 02

演習問題 1　内定のお礼状を作成しましょう。

① 宛名は人事部の担当者を書きましょう。　「部署名＋個人名＋様」
② 時候の挨拶がわからない場合は、「時下」を使いましょう。
③ ページ設定　　上余白：40mm　　行数：20行
④ ファイル名：お礼状
※ 文書内の□はスペースを入力しましょう。

　　　　　　　　　　　　　　　　　　　　　　　　　　　　２０＊＊年＊＊月＊＊日

株式会社平森食品
□人事部人事担当□森田□智之様

　　　　　　　　　　　　　　　　　　　　　　　　　　東京都＊＊＊区＊＊＊０－０－０
　　　　　　　　　　　　　　　　　　　　　　　　　　藤林大学経済学部経営学科
　　　　　　　　　　　　　　　　　　　　　　　　　　　　　　　　　井上□太郎

拝啓□時下ますますご清栄のこととお慶び申し上げます。
□このたびは採用内定のご通知をいただき、誠にありがとうございました。嬉しくてすぐに恩師と両親に報告をいたしました。入社までの間、もっと自分を磨き、貴社の社員としてふさわしい人材となれるよう努力していきたいと思います。
□まだまだ至らぬ点もございますが、一人前の仕事ができるように精進して参りますので、今後ともご指導のほど、よろしくお願い申し上げます。
□まずは書中をもちまして、内定の御礼を申し上げます。
　　　　　　　　　　　　　　　　　　　　　　　　　　　　　　　　　　　　　敬具

演習問題2 お知らせの文書を作成しましょう。

① 宛名は複数人が対象となるので、「各位」を書きましょう。
② ページ設定　行数：25行
③ ファイル名：面接実施のお知らせ
※タイトルは12ポイントの設定になっています。
※文書内の□はスペースを入力しましょう。

「学生宛ビジネス文書例」参照

20**年**月**日

応募者各位

MTソリューションズ株式会社
代表取締役□木下□誠一

面接実施のお知らせ

拝啓□時下ますますご清祥のこととお喜び申し上げます。

□このたびは当社にご応募いただきまして、ありがとうございました。お送りいただいた履歴書などをもとに書類選考させていただいた結果、次の面接選考に移らせていただきたいと存じます。

□つきましては、下記の日程にて面接選考を実施しますので、ご出席いただきますようご案内申し上げます。

敬具

記

1．日□□□時□□20**年**月**日（*）□午前10時～
2．場□□□所□□本社ビル3F□面接室
3．携　帯　品□□学生証、筆記用具、印鑑
4．問い合わせ先□□人事部□福田まで
　　　　　　　電話番号　000-000-1*2*

以上

CHAPTER 02

演習問題 3 案内状の文書を作成しましょう。

① 宛名は個人名なので、「様」を使いましょう。
② ページ設定　行数：30行
③ ファイル名：会社説明会のご案内
※ 文書内の□はスペースを入力しましょう。

「学生宛ビジネス文書例」参照

20＊＊年6月7日

石山□京一様

学生のための就職支援会
代表□山本□正弘

会社説明会のご案内

拝啓□初夏の候、皆さまにおかれましてはますますご健勝のこととお喜び申し上げます。
□さて、就職活動を頑張っている皆さまのために、会社の業務内容、実績などを詳しくご紹介いたします。また、皆さまのご質問にお答えすべく、各社の就職担当者も待機しております。
□皆さまのお申し込みを心よりお待ちしております。

敬具

記

1．日□□□時□□20＊＊年6月14日（金）□午前10時～午後4時まで
2．場□□□所□□就職支援センタービル□5F□大会議室
3．お申込方法□□下記担当者までお電話にてお申込みください
4．持□参□物□□学生証、筆記用具
5．そ□の□他□□就職活動にふさわしい服装でお越しください

以上

お問い合わせ先
電話番号：000-000-0＊＊＊
担当者：青木（内線　088）

CHAPTER 03

第3章 表の作成と編集

第3章では、表の構成要素、表の作成方法、表の編集機能を学びます。
Wordには表を作成するためのツールがたくさんあります。

この章で学ぶこと

この章では以下の項目を学習します。
きちんと理解できたら□にチェックを入れましょう。

3-1	表の構成要素 □	3-4-2	複数列の結合 □
3-2	表の挿入 □	3-4-3	文字の配置 □
3-3	セル内に文字を入力 □	3-4-4	表のスタイル □
3-4	表の編集 □	3-4-5	表のスタイルのオプション □
3-4-1	列の幅、行の高さの変更 □	3-4-6	表を中央に配置 □

CHAPTER 03

3-1 表の構成要素

　Wordの表は1つ1つのマス目であるセル、セルが横に並んでいる行、縦に並んでいる列によって構成されています。

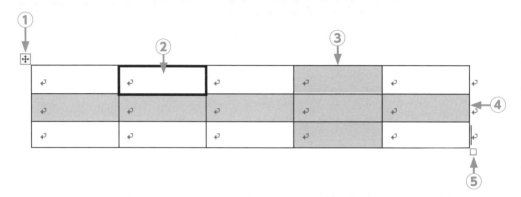

各部の名称と機能

名称	機能
① 表の移動ハンドル	表全体を選択するとき、表をドラッグで移動するときに使う。表内にカーソルがあるときに表示される。
② セル	1つ1つのマス目のこと。
③ 列	セルが縦に並んでいるところ。
④ 行	セルが横に並んでいるところ。
⑤ サイズハンドル	サイズハンドルにマウスを合わせて、ドラッグして表全体のサイズを調整するときに使う。表内にカーソルがあるときに表示される。

完成例

記

	添付書類	
1	エントリーシート	1枚
2	履歴書	1枚

以上

3-2 表の挿入

第2章で保存したファイル「送り状」を開きましょう。

操作 表を挿入しましょう。入力が終わったら、名前を付けて保存しましょう。

保存場所：任意の場所　　ファイル名：送り状2

① 20行目から22行目までを範囲選択します。
② Delete キーを押して、削除します。
③ 19行目（表を挿入する位置）にカーソルをおきます。

　　　　　　　記

　　　　　　　　　　　　　　　　　　　　　以上

④ ［挿入］タブ → ［表］グループ → ［表］
のボタンをクリックします。

⑤ 「3行×3列」のところでクリックします。

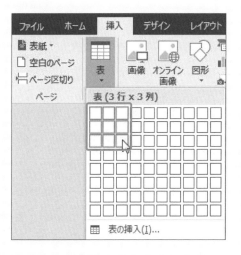

CHAPTER 03

⑥ 3行×3列の表が挿入されます。

	記	

Point 表の解除

［表の移動ハンドル］をクリックして表全体を選択し、Back spaceキーを押します。

Hint

表が挿入されると、［表ツール］の［デザイン］タブと［書式］タブが起動します。

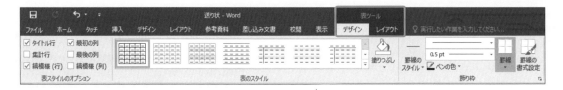

3-3 セル内に文字を入力

操作 挿入した表のセルに文字を入力しましょう。

入力例

	記	
	添付書類	
1	エントリーシート	1枚
2	履歴書	1枚

① 2列目の1行目のセルをクリックし、「添付書類」という文字を入力します。
② Tabキーを押すか、→キーを押して、次のセルにカーソルを移動します。

Point

セル内でカーソルを移動するときは、Tab キー、または→キー、←キー、↑キー、↓キーを使用します。

③ 名前を付けて保存しましょう。ファイル名：送り状2

3-4 表の編集

表を挿入した後で、新しく列や行を追加したり、余分な列や行を削除したりすることができます。また、複数のセルを1つのセルに結合したり、1つのセルを2つ以上のセルに分割することもできます。

3-4-1 列の幅、行の高さの変更

入力した文字数やフォントサイズに応じて、列の幅や行の高さは変更することができます。

操作 それぞれの列の文字の長さに合わせて、列の幅を変更しましょう。

① 1列目と2列目の間の線の上にマウスポインタを合わせます。マウスポインタの形が変わります。

② 左の方へドラッグして列の幅を狭くします。

③ 2列目、3列目の列幅も調整しましょう。

CHAPTER 03

Point 自動列幅調整

表の左側の縦線にマウスポインタを合わせます。マウスポインタの形が ←||→ に変わったらダブルクリックします。それぞれの列の一番長い文字列の幅に合わせて列幅を自動調整します。操作が一度で終了するので便利な機能です。

Point 数値を指定して列幅変更

[表ツール]→[レイアウト]タブ→[セルのサイズ]グループで、「高さ」、「幅」に数値を指定して列幅や高さを変更することもできます。

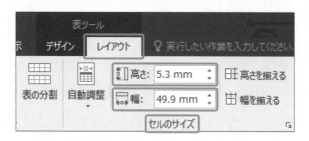

3-4-2 複数列の結合

セルはいくつかのセルをまとめて、1つに結合することができます。

操作 1行目の2列目と3列目のセルを結合しましょう。

① 1行目の2列目のセルをクリックし、3列目までドラッグして範囲選択します。

	添付書類	
1	エントリーシート	1枚
2	履歴書	1枚

記

② [表ツール] → [レイアウト] タブ → [結合] グループ → [セルの結合] ボタンをクリックします。

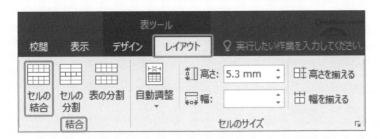

③ セルが結合されます。

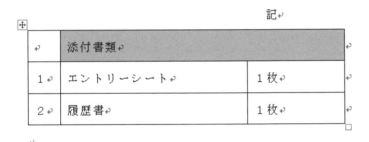

Point セルの分割

1つのセルを複数のセルに分けることができます。

① 分割したいセルをクリックします。
② [表ツール] → [レイアウト] タブ → [結合] グループ → [セルの分割] ボタンをクリックします。
③ [セルの分割] のダイアログボックスが表示されます。

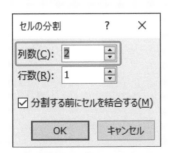

④ 分割したい列の数を指定します。
⑤ [OK] ボタンをクリックします。

Point 列や行の挿入、削除

表の挿入後、列や行の挿入、削除の操作が必要な場合があります。
「削除」の操作は、次のように行います。

① 該当する場所をクリック（またはドラッグして範囲選択）します。
② [表ツール] → [レイアウト] タブ → [行と列] グループ → [削除] ボタンをクリックし、該当する項目をクリックします。

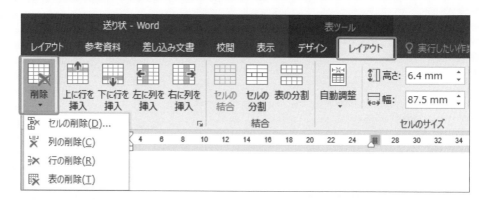

「挿入」の操作は、次のように行います。

① 該当する場所をクリックします。
② [表ツール] → [レイアウト] タブ → [行と列] グループのいずれかのボタンをクリックします。

Point 同じ操作の繰り返し

直前に行った操作を繰り返す場合は、リピート機能を使うと便利です。リピート機能は、F4キーを押して実行します。

3-4-3 文字の配置

表内では、セルの中に文字は配置されます。

操作 表内の文字の配置を整えましょう。

① 1行目の2列目をクリックします。
② [表ツール]→[レイアウト]タブ→[配置]グループの[上揃え(中央)]ボタンをクリックします。

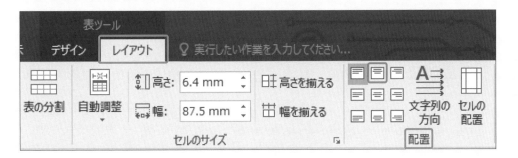

③ 1行目の2列目の文字列がセルの中央に配置されます。

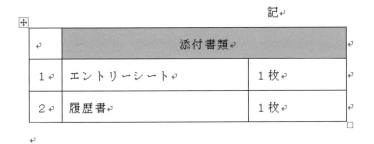

④ 3列目(一番右の列)の2行目と3行目をドラッグします。
⑤ [上揃え(中央)]ボタンをクリックします。

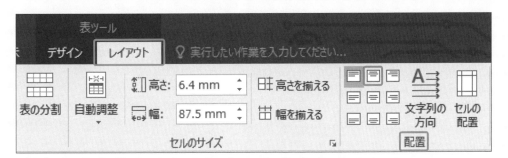

⑥ 3列目の2行目と3行目の文字がセルの中央に配置されます。

完成例

	添付書類	
1	エントリーシート	1枚
2	履歴書	1枚

記

3-4-4 表のスタイル

表には、たくさんのスタイルが用意されています。一覧から選択するだけで簡単に表の見栄えをよくすることができます。表の背景色や見出しの色などをスタイルから選択できます。罫線の種類、線の色、太さを変更することもできます。

操作 表に、[グリッド（表）5 濃色-アクセント6] のスタイルを設定しましょう。

① 表の中の任意のセルをクリックします。
② [表ツール] → [デザイン] タブ → [表のスタイル] グループ → [その他] ボタンをクリックします。

③ 表のスタイルの一覧が表示されます。

④ [グリッド（表）5 濃色-アクセント6] をクリックします。

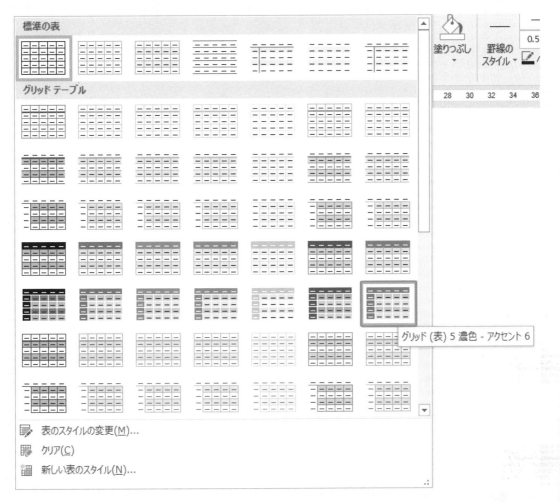

⑤ 表にスタイルが設定されます。

3-4-5　表のスタイルのオプション

　［表スタイルのオプション］には［タイトル行］や［最初の列］などの設定があります。チェックボックスが表示されているので、表示したい項目はチェックを入れ、表示が必要でない項目はチェックをはずします。複数箇所に設定することができます。

操作　スタイルのオプションを変更しましょう。

① ［表ツール］の［デザイン］タブをクリックします。

② ［表スタイルのオプション］グループの［最初の列］と［縞模様（行）］のチェックボックスをクリックし、OFFにします。
③ 完成例のようになります。

3-4-6　表を中央に配置

操作　完成した表を、用紙の中央に配置しましょう。

① 表内の任意の場所をクリックします。
② 「表の移動ハンドル」をクリックして、表全体を選択します。

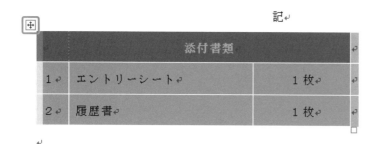

③ ［ホーム］タブ →［段落］グループ →［中央揃え］ボタンをクリックします。
④ 表全体が用紙の中央に配置されます。
⑤ ［上書き保存］しましょう。
⑥ ファイルを閉じましょう。

Point 線種の変更、塗りつぶしの設定

線の種類や太さ、線の色を変更したり、セルに塗りつぶしの色を設定することができます。
[表ツール] → [デザイン] タブ → [飾り枠] グループと [表のスタイル] グループで設定します。

各部の名称と説明

名称	説明
① ペンのスタイル	罫線のスタイルを変更する。
② ペンの太さ	罫線の太さを変更する。
③ ペンの色	罫線の色を変更する。
④ 罫線	選択範囲に罫線を追加したり、選択範囲から削除したりする。
⑤ 罫線の書式設定	罫線に書式を適用する。
⑥ 塗りつぶし	選択したテキスト、段落、表のセルの背景の色を変更する。

演習問題 1 新規作成画面にして次の3つの表を作成し、[名前を付けて保存]しましょう。

ファイル名：表作成練習

※文書内の□はスペースを入力しましょう。

表1 [表のスタイル] → [グリッド（表）4-アクセント5] を設定しましょう。

学部名	学科名	学籍番号	氏　名
学部	学科		

表2 [外枠] の [ペンの太さ] → [1.5ポイント] に変更しましょう。

国	地域	特産品

表3 [外枠] の [ペンのスタイル] → [二重線] に変更しましょう。

開催日時		20＊＊年＊＊月＊＊日（＊）　12：00
開催場所		タウンホテル□8階□桜の間
	住□□所	福岡市北区大堀町＊－8－8
	代表番号	092-000-＊＊＊＊　（担当：博多支社　青木）

演習問題 2 案内状の文書を作成しましょう。

① 宛名は複数の学生なので、「各位」を使いましょう。
③ ページ設定　行数：28行
④ ファイル名：模擬面接
※ タイトルは12ポイントの設定になっています。
※ 文書内の□はスペースを入力しましょう。

　　　　　　　　　　　　　　　　　　　　　　　　　　　20＊＊年＊＊月＊＊日

学生各位

　　　　　　　　　　　　　　　　　　　　　　　　　　　　　藤林キャリアセンター
　　　　　　　　　　　　　　　　　　　　　　　　　　　　　センター長□和田□浩平

　　　　　　　　　　　　　「模擬面接」体験講座のご案内

　このたび本校におきまして、就職活動中の学生を対象とした「模擬面接」の体験講座を開催します。面接試験に備え、自身の魅力をどのようにアピールし、内定を勝ち取るために何が必要なのかを一人一人に的確なアドバイスをします。
　なお、今回は事前に予約の申し込みが必要なので、早めの予約をお願いします。

　　　　　　　　　　　　　　　　　　記
1．日□□時□□20＊＊年＊＊月＊＊日（＊）～＊＊日（＊）□午前9時～
2．場□□所□□本校キャリアセンター□面接室
3．申込方法□□下記の申込書に記入のうえ、キャリアセンターに提出してください。
4．締め切り□□＊＊月＊＊日（＊）
　　　　　　　　　　　　　　　　　　　　　　　　　　　　　　　　　　　以上

　　　　　　　　　　　　　　　　参加申込用紙

学籍番号		希望職種	
氏□□名		携帯番号	
住□□所			
希望日時	第一希望□：□□□月□□日（□）□時～		
	第二希望□：□□□月□□日（□）□時～		

CHAPTER 04

第4章 オブジェクトの挿入

第4章では、ワードアート、図形、画像の挿入を学びます。Wordには、タイトルなどを目立たせたり、グラフィカルな文字にするといった文字を装飾する機能や、いろいろな図形を作成したり、保存している画像を挿入することができます。

この章で学ぶこと

この章では以下の項目を学習します。
きちんと理解できたら□にチェックを入れましょう。

4-1	ワードアートの挿入 □	4-4	画像の編集	
4-2	ワードアートの書式設定	4-4-1	画像のサイズ変更	□
4-2-1	フォント、フォントサイズの変更 □	4-4-2	画像の移動	□
4-2-2	文字列の折り返し □	4-5	図形の挿入	□
4-4-3	ワードアートの形状 □	4-6	図形の編集	
4-3	画像の挿入 □	4-6-1	図形のスタイル	□
		4-6-2	図形の効果	□

20＊＊年＊月＊＊日

学生各位

〇〇大学　就職支援課
課長　石田　正弘

合同会社説明会のご案内

　就職活動や卒業論文の執筆など、充実した時間を過ごしている学生も多いことと存じます。このたび、下記の日程で複数の会社説明会を開催することになりました。
　当日、説明会にご参加いただく会社に関心を持った学生の就職活動のために、会社の業務内容、実績などを詳しくご紹介します。また、学生の質問に対応すべく、各社の就職担当者も待機しています。
　めったにないチャンスですので、興味のある学生の参加をお待ちしております。

記

1. 日　　時　　20＊＊年＊月＊＊日（金）　午前10時〜午後4時まで
2. 場　　所　　第一講堂1階
3. 申込方法　　下記の申込用紙に記入の上、就職支援課まで提出してください。
4. 持 参 物　　学生証、筆記用具
5. そ の 他　　就職活動にふさわしい服装でお越しください。

以上

問い合わせ先：〇〇大学就職支援課
電話番号：000-0＊＊-0＊＊＊
担当者：青木（内線　088）

申込用紙

学部名	学科名	学籍番号	氏　　名
学部	学科		

操作 [提供データ]フォルダの中から、
ファイル名「合同会社説明会」を開きましょう。

2＊＊年＊月＊＊日

学生各位

〇〇大学　就職支援課
課長　石田　正弘

合同会社説明会のご案内

　就職活動や卒業論文の執筆など、充実した時間を過ごしている学生も多いことと存じます。このたび、下記の日程で複数の会社説明会を開催することになりました。
　当日、説明会にご参加いただく会社に関心を持った学生の就職活動のために、会社の業務内容、実績などを詳しくご紹介します。また、学生の質問に対応すべく、各社の就職担当者も待機しています。
　めったにないチャンスですので、興味のある学生の参加をお待ちしております。

記

1. 日　　時　　20＊＊年＊月＊＊日（金）　午前10時～午後4時まで
2. 場　　所　　第一講堂1階
3. 申込方法　　下記の申込用紙に記入の上、就職支援課まで提出してください。
4. 持 参 物　　学生証、筆記用具
5. そ の 他　　就職活動にふさわしい服装でお越しください。

以上

問い合わせ先：〇〇大学就職支援課
電話番号：000-0＊＊-0＊＊＊
担当者：青木（内線　088）

学部名	学科名	学籍番号	氏　名
学部	学科		

CHAPTER 04

4-1 ワードアートの挿入

操作 タイトルをワードアートに変換しましょう。

① 「合同会社説明会のご案内」というタイトルを選択します。
② [挿入] タブ → [テキスト] グループ → [ワードアートの挿入] ボタンをクリックします。
③ [塗りつぶし-青、アクセント1、影] をクリックします。

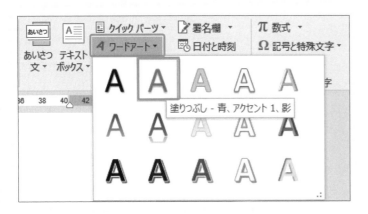

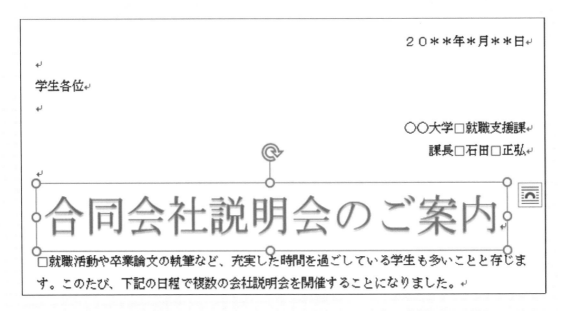

④ ワードアートに変更されました。
⑤ [描画ツール] → [書式] タブが起動します。

Point 新規にワードアートを挿入する方法

① ワードアートを挿入する位置にカーソルをクリックします。
② [挿入] タブ → [テキスト] グループ → [ワードアートの挿入] ボタンの右側にある▼ボタンをクリックし、挿入したいワードアートの種類を選択します。
③ 「ここに文字を入力」と表示された場所に文字を入力します。

4-2 ワードアートの書式設定

ワードアートにはいろいろな書式があります。挿入したワードアートの書式を変更しましょう。

4-2-1 フォント、フォントサイズの変更

操作 挿入したワードアートのフォントとフォントサイズを変更しましょう。

① フォントを「MSゴシック」に変更します。
② フォントサイズを「16pt」にします。

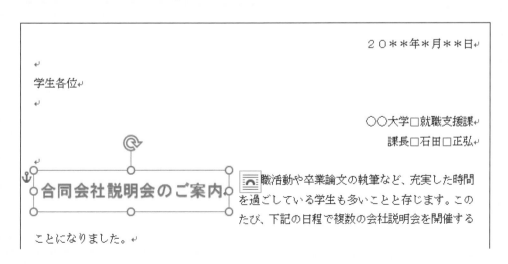

4-2-2 文字列の折り返し

文字列の折り返しとは、図形や図、ワードアートなどのオブジェクトの周りにある文字列をどのように折り返すか（周りこませるか）の設定のことです。

オブジェクトを挿入することによって、入力している文字列が別の場所に移動したり、文書全体のレイアウトが崩れることがあります。そのような場合は、文字列の折り返しを設定し、レイアウトを整えます。

> **操作**　「合同会社説明会のご案内」の「文字列の折り返し」を変更し、用紙の中央に配置しましょう。

① ［描画ツール］→［書式］タブ →［配置］グループ →［文字列の折り返し］→［上下］のボタンをクリックします。

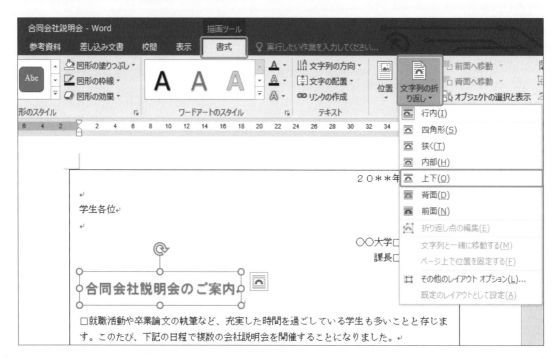

② ワードアートを行の中央に配置しましょう。ワードアートの枠線をポイントし、中央にドラッグします。

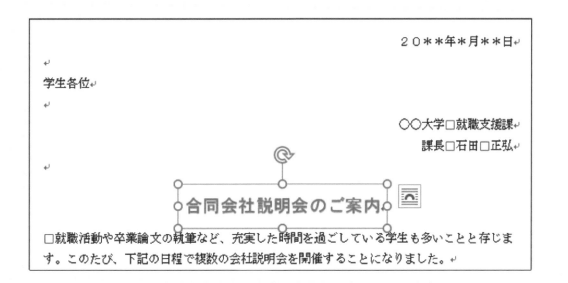

4-2-3 ワードアートの形状

操作 ワードアートの形状を変更しましょう。

① [描画ツール] → [書式] タブ → [ワードアートのスタイル] グループ → [文字の効果] ボタン → [変形] → [形状] の [四角] のボタンをクリックします。

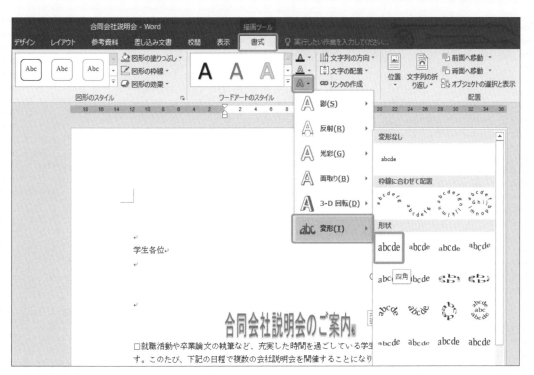

② ワードアートの形状が変更されました。
③ 上書き保存しましょう。

CHAPTER 04

4-3 画像の挿入

文書の内容に関連するイラストや画像を挿入することができます。ダウンロードした画像を挿入しましょう。

① 画像を挿入する場所である23行目をクリックします。

```
1．日□□□時□□２０＊＊年＊月＊＊日（金）□午前１０時～午後４時まで
2．場□□□所□□第一講堂1階
3．申 込 方 法□□下記の申込用紙に記入の上、就職支援課まで提出してください。
4．持□参□物□□学生証、筆記用具
5．そ□の□他□□就職活動にふさわしい服装でお越しください
```

以上

問い合わせ先：○○大学就職支援課
電話番号：０００－０＊＊－０＊＊＊
担当者：青木（内線□０８８）

② [挿入] タブ → [図] グループ → [画像] ボタンをクリックします。

③ [図の挿入] ダイアログボックスが起動します。画像が保存されている場所を指定します（本書では、デスクトップ → [提供データ] フォルダに保存されていることを前提としています）。

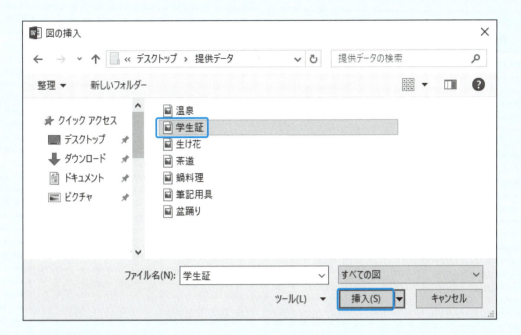

④「学生証」をクリックします。[挿入]ボタンをクリックします。
⑤ 画像が挿入されます。

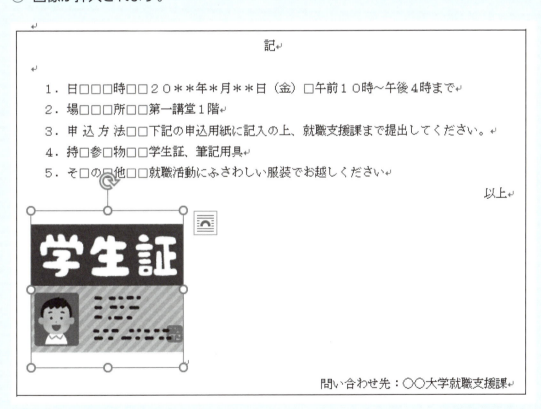

Point 画像の削除

削除したい画像をクリックし、Deleteキーを押します。

CHAPTER 04

4-4 画像の編集

挿入した画像は、サイズ変更や場所を移動することができます。画像が挿入されると、[図ツール]の[書式]タブが起動します。いろいろな書式を設定することができます。

4-4-1 画像のサイズ変更

① 挿入した「学生証」のサイズを小さくします。画像の周りにある ○（ハンドル）をポイントします。
マウスポインタの形が変わったらドラッグします。完成図を参考に大きさを変えましょう。

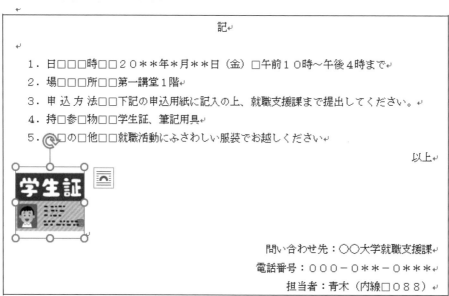

操作 学生証の画像の「文字列の折り返し」を「前面」に変更しましょう。

① 画像を選択していることを確認します。
② [図ツール]→[書式]タブ→[配置]グループ→[文字列の折り返し]ボタンの[前面]をクリックします。
③ 文字列が折り返されました。

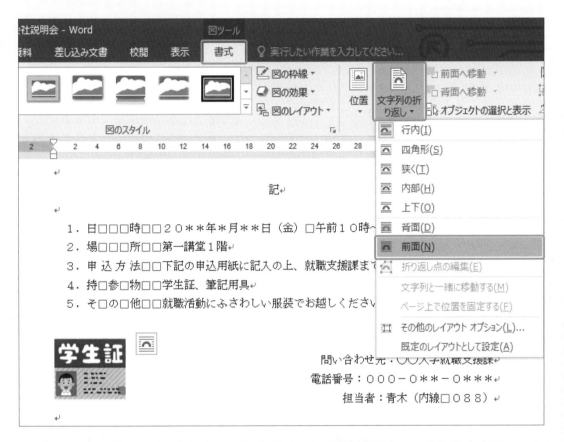

④ 同じように操作を繰り返して、「筆記用具」の画像を挿入し、サイズを変更し、文字列の折り返しを「前面」に設定しましょう。

4-4-2 画像の移動

画像はドラッグすると移動することができます。

操作 完成図を参考に、学生証と筆記用具の画像を移動しましょう。

① 学生証の画像をクリックします。
② マウスポインタが ✥ に変わったら、左のほうへドラッグします。

③ 同様に完成図を参考に、筆記用具の画像を移動しましょう。

Hint 文字列の折り返しの種類

行内
1行の中に配置され、図を文字と同じように扱います。

内部
図形の周囲および内部の空白部分に文字列を折り返します。

四角形
図形の周りの四角い境界線に沿って上下左右に文字列を折り返します。

上下
図形の上下で文字列を折り返します。

狭く
図形の形に沿って文字列が表示されます。

背面
図形の前面に文字列が表示されます。この時、文字列は折り返されません。

次ページへ続く➡

CHAPTER 04

前面

図形の背面に文字列が表示されます。この時、文字列は折り返されません

4-5 図形の挿入

四角形、円などの基本図形、矢印、フローチャートの図形、星、吹き出しなど、いろいろな種類の図形を描くことができます。また挿入した図形にさまざまな効果を設定することができます。

操作 文書に図形を挿入しましょう。

① 図形を挿入する29行目をクリックします。
② [挿入] タブ → [図] グループ → [図形] ボタン → [四角形] の [四角形：角を丸くする] をクリックします。

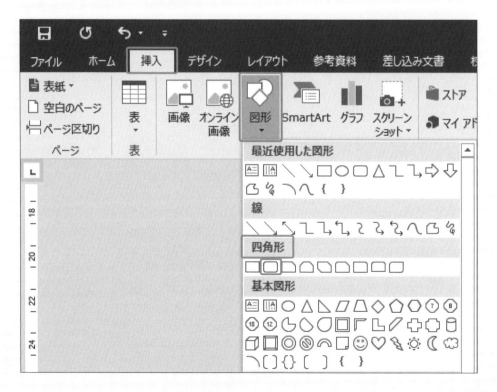

③ 左上から右下に向かってドラッグして図形を描きます。
④ 図形が挿入されます。

⑤ [描画ツール] → [書式] タブが起動します

⑥ 図形に文字を挿入します。入力文字：申込用紙

CHAPTER 04

4-6 図形の編集

挿入した図形はサイズ変更、スタイル、特殊効果を設定することができます。

操作 入力した文字が表示されるように、図形のサイズを変更しましょう。

図形の周りにある〇（ハンドル）をポイントし、マウスポインタの形が変わったらドラッグします。図形のサイズが大きい場合は小さくしましょう。

4-6-1 図形のスタイル

操作 図形のスタイルを変更しましょう。

① ［描画］ツール → ［書式］タブ → ［図形のスタイル］グループ → ［その他］ボタンをクリックします。

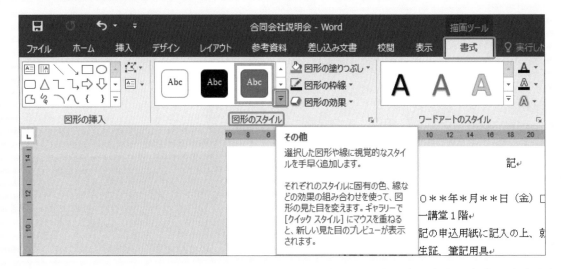

② [グラデーション-オレンジ、アクセント2] をクリックします。

③ 図形のスタイルが変更されます。

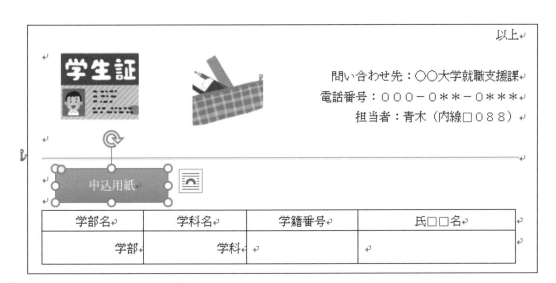

CHAPTER 04

4-6-2 図形の効果

操作 図形に効果を設定し、中央に配置しましょう。

① [描画] ツール → [書式] タブ → [図形のスタイル] グループ → [図形の効果] ボタンをクリックします。
② [標準スタイル] → [標準スタイル 2] をクリックします。

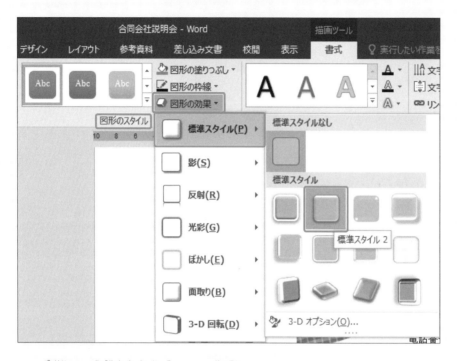

③ 図形に「標準スタイル 2」が設定されます。
④ 図形のプレースホルダ（枠線）をポイントし、マウスポインタの形が変わったら、ドラッグして用紙の中央に配置します。

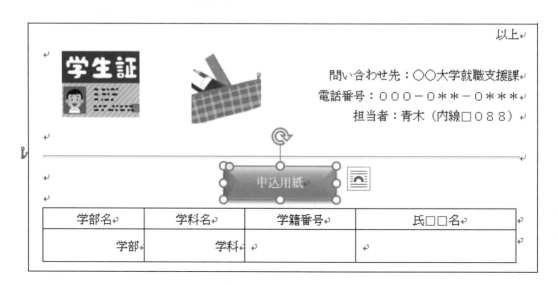

⑤ 全体のバランスを考えてレイアウトを整えましょう。
⑥ 上書き保存しましょう。

Hint 「SmartArt」の挿入

組織の構造（組織図）や物事の手順など、文章で説明すると長くなり、相手に伝わりにくい場合があります。そのような場合、伝えたい情報を簡単に図表にして表現することができる機能が「SmartArt」です。

① [挿入] タブ → [図] グループ → [SmartArt] をクリックします。

② [SmartArtグラフィックの選択] ダイアログボックスが起動します。

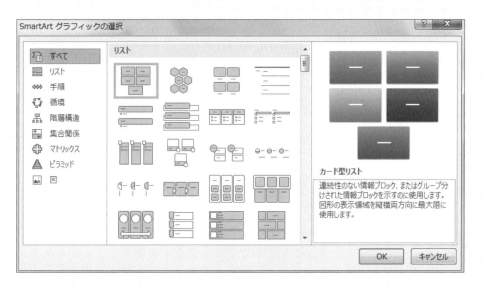

③ 該当する種類を選択して、[OK] をクリックします。
④ SmartArtが挿入されます。

CHAPTER 04

演習問題1 盆踊りの案内状を作成しましょう。

① 「ページ設定」　行数：25行
② 画像は、[提供データ] フォルダの中の「盆踊り」を挿入しましょう。
③ ファイル名：盆踊り
※文書内の□はスペースを入力しましょう。

　　　　　　　　　　　　　　　　　　　　　　　　　２０＊＊年７月２０日

町内会の皆さまへ

　　　　　　　　　　　　　　　　　　　　　　　　　花月町盆踊り連合会
　　　　　　　　　　　　　　　　　　　　　　　　　会長□夏木□浩一郎

　　　　　　　　　　　　夏祭り□盆踊りのご案内

□今年も恒例の夏の盆踊りを下記の日程で開催します。
□打ち上げ花火やくじびきなど、お子様からご年配の方、すべての町民が楽しめるイベントをたくさんご用意いたしました。
□この機会に、町内会の皆さまと親睦を深めていきたいと思っております。
□ぜひ、ご参加下さいますようご案内申し上げます。

　　　　　　　　　　　　　　　記

日□時□２０＊＊年８月１４日□午後６時〜午後１０時
場□所□花月公園

　　　　　　　　　　　　　　　　　　　　　　　　　　　　　　以上

演習問題2　サークル紹介の文書を作成しましょう。

① 「ページ設定」　行数：23行
② 「件名」の図形は、「星とリボン」の「横巻き」を挿入しましょう。
③ 画像は、[提供データ] フォルダの中の「生け花」、「茶道」を挿入しましょう。
④ ファイル名：サークル紹介
※文書内の□はスペースを入力しましょう。

20＊＊年4月8日

新入生の皆さんへ

藤林大学サークル活動本部
幹事□井上□愛子

　　　　　サークル紹介のお知らせ

□新入生の皆さん、ようこそ藤林大学へ！！
□希望にあふれ、これからの4年間をどのように過ごしていこうかと、いろいろ考えていることと思います。
□充実した、楽しい学生生活を送るためにも、ぜひサークルに入部して先輩や後輩たちとの交流を図り、学業以外の充実した時間を過ごして欲しいと願っています。
□つきましては、下記の日程でサークルの紹介を行います。ぜひとも足を運んで見学してください。皆さんの参加をお待ちしております。

記

日□時□□4月10日～17日
場□所□□学内通路
※「茶道」や「生け花」などのサークルは、当日体験できます。

以上

CHAPTER 04

演習問題 3 自分の「履歴書」を作成しましょう。

① [提供データ] フォルダの中の「履歴書フォーム」を開いて、自分の履歴書を完成しましょう。
② 「ファイル名」：履歴書

「JIS規格に準拠」

履 歴 書　　　　　年　　月　　日現在

ふりがな	
氏名	

写真をはる位置

写真をはる必要がある場合
1. 縦 36mm〜40mm
　　横 24mm〜30mm
2. 本人単身胸から上
3. 裏面のりづけ

年　　月　　日　　生（満　　歳）　※□男・女

ふりがな		電話
現住所	〒	
ふりがな		電話
連絡先	〒　　　　　　　　（現住所以外に連絡を希望する場合のみ記入）	

年	月	学歴・職歴（各別にまとめて書く）

〜〜〜〜〜〜〜〜〜〜〜〜〜〜〜〜〜〜〜〜〜〜〜〜〜〜〜〜〜〜〜

年	月	資格・免許

志望の動機・特技・趣味・アピールポイントなど	通勤時間
	約　　時間　　分
	扶養家族数（配偶者を除く）
	人
	配偶者　｜　配偶者の扶養義務
	※□有・無　｜　※□有・無

本人希望記入欄（特に給料・職種・勤務時間・勤務地・その他についての希望などがあれば記入）

CHAPTER 05

第5章 基本操作と表の作成

Excelとは、マイクロソフト社が提供するOfficeに含まれる表計算ソフトです。一般的に表計算ソフトでは、表を作成したり、表の中の数値を計算することができます。また、計算した結果をグラフにしたり、並べ替えたり、条件に合ったデータだけに絞り込んだりすることができます。

第5章では、Excelの基本操作と表の作成を学習します。Excelの画面構成や範囲の選択方法、データの入力、セルに入力したデータの修正方法、列の幅や行の高さの変更方法、文字の配置について説明します。

この章で学ぶこと

この章では以下の項目を学習します。
理解できたらチェックをつけましょう。

5-1	Excelの起動と画面構成	5-6-4	オートフィル
5-1-1	Excelの起動	5-7	データの修正
5-1-2	Excelの画面構成	5-7-1	セル内のデータの全消去
5-2	マウスポインタの形	5-7-2	セル内のデータの上書き
5-3	Excelの終了	5-7-3	セル内のデータの一部修正
5-4	範囲選択時のマウスポインタの形	5-8	コピーと移動
5-4-1	セルを選択	5-9	列幅、行高の変更
5-4-2	フィルハンドル	5-9-1	ワークシート全体の列幅の変更
5-4-3	セルの移動	5-9-2	1つの列幅の変更
5-5	いろいろな選択方法	5-9-3	連続した複数の列幅の変更
5-5-1	連続したセルの選択	5-9-4	離れた複数の列幅の変更
5-5-2	離れたセルの選択	5-10	文字の配置
5-5-3	広い範囲の連続したセルの選択	5-10-1	右揃え
5-5-4	1つの列の選択	5-10-2	中央揃え
5-5-5	連続した複数の列の選択	5-10-3	セルを結合して中央揃え
5-5-6	離れた列の選択	5-10-4	均等割り付け
5-6	データの入力	5-11	名前を付けて保存
5-6-1	文字データの入力	5-12	ブックを閉じる
5-6-2	数値データの入力	5-13	ブックを開く
5-6-3	日付データの入力		

CHAPTER 05

5-1 Excelの起動と画面構成

5-1-1 Excelの起動

操作 Excelを起動しましょう。

① Excelを起動します。
② ［空白のブック］をクリックします。

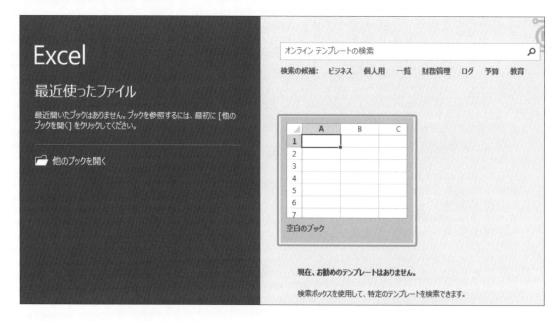

③ 新しいブックの画面が表示されます。

5-1-2 Excelの画面構成

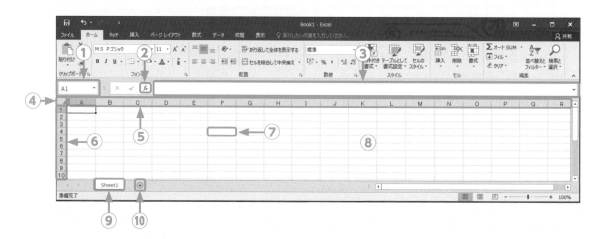

各部の名称を記入しましょう。

① (　　　　　　　　　　　　　)　⑥ (　　　　　　　　　　　　　　　)
② (　　　　　　　　　　　　　)　⑦ (　　　　　　　　　　　　　　　)
③ (　　　　　　　　　　　　　)　⑧ (　　　　　　　　　　　　　　　)
④ (　　　　　　　　　　　　　)　⑨ (　　　　　　　　　　　　　　　)
⑤ (　　　　　　　　　　　　　)　⑩ (　　　　　　　　　　　　　　　)

各部の名称と機能

	名称	機能
①	名前ボックス	Excelのワークシート上で現在選択されているセルの位置を表示する。
②	関数の挿入ボタン	[関数の挿入] ダイアログボックスが表示される。
③	数式バー	現在選択されているセルに入力されているデータや数式を表示する。
④	全セル選択ボタン	このボタンをクリックすると、すべてのセルが選択される。
⑤	列番号	アルファベットのAから始まるワークシートの列の番号。A～XFD列まである。
⑥	行番号	数字の1から始まるワークシートの行の番号。1～1,048,576行まである。
⑦	セル	列と行で区切られた四角の枠。
⑧	ワークシート	画面中央に大きく表示されている作業用紙。複数のセルで構成されており、各セルにデータを入力したり数式を入力したりする。
⑨	シート見出し	ワークシートの名前が表示されている。複数のシートがある場合、シート見出しをクリックして、別のシートに切り替えることができる。
⑩	新しいシート	新しいワークシートを挿入するボタン。

5-2　マウスポインタの形

マウスポインタは、作業の内容によって形が変化します。

マウスポインタの形と役割

形	役割
↖	タブやコマンドボタンを選択するとき。
✥	セルを選択するとき。ドラッグすると範囲選択ができる。

次ページへ続く➡

形	役割
✥	アクティブセルの周りの太い線をポイントしたとき。ドラッグすると移動ができる。
＋	アクティブセルの右下にあるフィルハンドルをポイントしたとき。ドラッグするとオートフィルを作成できる。
↓	列番号をポイントしたとき。クリックするとその列全体を選択できる。
→	行番号をポイントしたとき。クリックするとその行全体を選択できる。
╪	行間をポイントしたとき。ドラッグすると行の高さを変更できる。
╫	列間をポイントしたとき。ドラッグすると列の幅を変更できる。
↕ ⤡ ↔	図形や、ウィンドウの境界線をポイントしたとき、ドラッグすると大きさを変更できる。

5-3 Excelの終了

操作 Excel終了しましょう。

① ウィンドウ操作ボタンの[閉じる]をクリックします。

② Excelが終了します。

5-4 範囲選択時のマウスポインタの形

セルを選択するとき、マウスポインタの形に注意しましょう。マウスポインタの形をよく確認するということを意識するだけで操作が楽になります。

操作 Excelを起動して、[空白のブック]をクリックします。

5-4-1 セルを選択

セルの中央にマウスポインタを合わせるとこの状態になります。クリックすればそのセルを選択することができます。

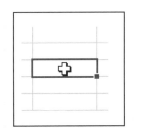

5-4-2 フィルハンドル

アクティブセルの右下にある緑の四角いところ、「フィルハンドル」にマウスポインタを合わせるとこの状態になります。ドラッグするとオートフィルの機能を始めることができます。

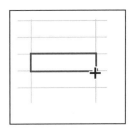

5-4-3 セルの移動

アクティブセルの周りの太い線にマウスポインタを合わせるとこの状態になります。ドラッグするとセルの内容が他のセルに移動します。

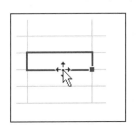

5-5 いろいろな選択方法

セルの選択方法を学習しましょう。

5-5-1 連続したセルの選択

① セルA4をクリックします。マウスポインタの形が ✚ になります。
② セルC7までドラッグします。範囲を選択した「列番号」と「行番号」の色が変わります。

③ 選択した以外のセルをクリックして、範囲の選択を解除します。

5-5-2 離れたセルの選択

① セルA4をクリックします。セルC4をポイントするとマウスポインタの形が ✚ になります。
② Ctrlキーを押したまま、セルC4をクリックします。離れた場所が選択されます。

③ 選択した以外のセルをクリックして、範囲の選択を解除します。

5-5-3 広い範囲の連続したセルの選択

① セルA4をクリックします。マウスポインタの形が ✢ になります。
② 画面をスクロールして、20行目が見えるようにします。
③ Shift キーを押したまま、セルH20をクリックします。広い範囲が選択できます。

④ 選択した以外のセルをクリックして、範囲の選択を解除します。

5-5-4 1つの列の選択

① 列番号Aのところにマウスポインタを合わせます。
② マウスポインタの形が ↓ になります。
③ クリックすると、A列全体が範囲選択されます。

④ 任意のセルをクリックして、範囲の選択を解除します。

5-5-5 連続した複数の列の選択

① 列番号Aのところにマウスポインタを合わせ、マウスポインタの形が ↓ になったらクリックします。
② そのまま列番号Cまでドラッグします。連続した複数の列の範囲選択ができます。

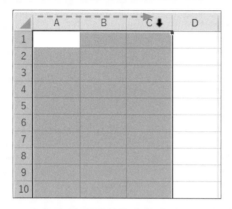

③ 任意のセルをクリックして、範囲の選択を解除します。

5-5-6 離れた列の選択

① 列番号Aのところにマウスポインタを合わせ、マウスポインタの形が ↓ になったらクリックします。
② A列全体が範囲選択されます。
③ 次にC列をポイントし、マウスポインタの形が ↓ になったら Ctrl キーを押したままクリックします。離れた列の範囲選択ができます。

④ 任意のセルをクリックして、範囲の選択を解除します。

Point

行の選択の操作方法も同じです。

5-6 データの入力

データの種類

Excelでは代表的なデータの種類として、文字データ、数値データ、日付データがあります。文字データを入力するときは日本語入力システムを「ON」、数値データ、日付データを入力する時は日本語入力システムを「OFF」にします。日本語入力システムの「ON」と「OFF」の切り替えは、キーボードの[半角/全角]キーを押します。

操作 ワークシートにデータを入力しましょう。

完成例

	A	B	C	D	E	F	G	H
1			外国人旅行者数の推移(3年間)					
2								
3							6月30日	現在
4								単位:千人
5		2015年	2016年	2017年	前年増減	合計	構成比	順位
6	アメリカ	1033	1242	1375				
7	カナダ	231	273	306				
8	中国	4994	6370	7356				
9	韓国	4002	5090	7140				
10	フィリピン	268	348	424				
11	ベトナム	185	234	309				
12	合計							
13	平均							
14	最大値							
15	最小値							
16	国の数							

5-6-1 文字データの入力

① セルA1をクリックします。日本語入力システムを「ON」に切り替えましょう。
② 次の文字データを入力します。

	A	B	C	D
1	がいこくじんりょこうしゃすうのすいい			

③ [Space]キーを押して変換します。正しく変換されたら、次に[Enter]キーを押して確定し、もう一度[Enter]キーを押してセルA1に文字データを入れます。

CHAPTER 05

	A	B	C
1	外国人旅行者数の推移		
2			
3			

④ 同じ手順で、入力例を参考に文字データを入力しましょう。

入力例

	A	B	C	D	E	F	G	H
1	がいこくじんりょこうしゃすう すいい 外国人旅行者数の推移							
2								
3				ひづけ		げんざい		
4						たんい：せんにん		
5		2015ねん			ぜんねんぞうげん	ごうけい	こうせいひ	じゅんい
6	あめりか							
7	かなだ							
8	ちゅうごく							
9	かんこく							
10	ふぃりぴん							
11	べとなむ							
12	ごうけい							
13	へいきん							
14	さいだいち							
15	さいしょうち							
16	くにのかず							

	A	B	C	D	E	F	G	H
1	外国人旅行者数の推移							
2								
3				日付		現在		
4						単位:千人		
5		2015年			前年増減	合計	構成比	順位
6	アメリカ							
7	カナダ							
8	中国							
9	韓国							
10	フィリピン							
11	ベトナム							
12	合計							
13	平均							
14	最大値							
15	最小値							
16	国の数							

5-6-2 数値データの入力

① セルB6クリックします。日本語入力システムを「OFF」に切り替えましょう。
② 以下の数値データを入力します。

	A	B	C	D	E	F	G	H
1	外国人旅行者数の推移							
2								
3				日付		現在		
4						単位:千人		
5		2015年			前年増減	合計	構成比	順位
6	アメリカ	1033	1242	1375				
7	カナダ	231	273	306				
8	中国	4994	6370	7356				
9	韓国	4002	5090	7140				
10	フィリピン	268	348	424				
11	ベトナム	185	234	309				
12	合計							
13	平均							
14	最大値							
15	最小値							
16	国の数							

5-6-3 日付データの入力

① セルE3クリックします。
② 6/29 と日付データを入力して、Enterキーを押します。ワークシート上では「6月29日」となります。

	A	B	C	D	E	F	G	H
1	外国人旅行者数の推移							
2								
3				日付	6月29日	現在		
4						単位:千人		
5		2015年			前年増減	合計	構成比	順位
6	アメリカ	1033	1242	1375				
7	カナダ	231	273	306				
8	中国	4994	6370	7356				
9	韓国	4002	5090	7140				
10	フィリピン	268	348	424				
11	ベトナム	185	234	309				
12	合計							
13	平均							
14	最大値							
15	最小値							
16	国の数							

5-6-4 オートフィル（連続データ）の入力

　文字データ、数値データ、数値と文字のデータの組み合わせは、連続したデータとしてオートフィル機能を使うと自動的に入力することができます。

操作 オートフィル機能を使って、セルB5からセルD5まで連続した「年」のデータを入力しましょう。

① セルB5をクリックします。
② マウスポインタをセルB5の右下のフィルハンドル（緑の四角いところ）に合わせます。

③ マウスポインタの形が ✚ に変わったら、セルD5までドラッグします。

④ 連続した年のデータが入力されます。

Point オートフィルオプション

　オートフィルを実行すると、オートフィルオプションボタンが表示されます。このボタンをクリックすると必要に応じて「コピーをする」、「連続データとする」、「書式の設定」について選択することができます。

Point オートフィル機能で入力できるデータ

オートフィル機能を使って入力できるデータの種類は、以下のとおりです。

元になるデータ	連続データ
月	月　火　水　木　金　土　日
月曜日	月曜日　火曜日　水曜日　木曜日　金曜日　土曜日　日曜日
1月	1月　2月　3月　4月　5月…9月　10月　11月　12月
1月1日	1月1日　1月2日　1月3日…1月31日　2月1日・・・
第1部	第1部　第2部　第3部　第4部…
January	January　February　March　April…December
Monday	Monday　Tuesday　Wednesday　Thursday…Sunday

Point オートコンプリート

Excelでは、同じ列（縦列）にあるデータを候補として表示してくれる機能があります。例えば、あるセルに「日本」と入力してあった場合、同じ列のセル上で「に」と入力するだけで、入力候補として「日本」と表示してくれます。ただしこの機能は入力候補が1つに絞られた時点で表示されるため、1文字目だけでなく先頭の何文字かを入力しないと入力候補が表示されない場合もあります。

5-7　データの修正

入力したデータを修正するには、次の3つの方法があります。

5-7-1　セル内のデータをすべて消去

セルに入力されているデータをすべて消去したい場合は、対象セルをクリックし、Deleteキーを押します。

操作 セルD3のデータを消去しましょう。

5-7-2 セル内のデータをすべて上書きで修正

セル内に入力されているデータ全てを書き換えたい場合は、対象セルをクリックし、新しいデータを入力します。

> **操作** セルE3をクリックし、6/30 と入力しましょう。

5-7-3 セル内のデータを一部修正

セル内に入力されているデータの一部を書き換えたい場合は、次のように操作します。

> **操作** セルA1に入力されているデータを、「外国人旅行者数の推移（3年間）」に修正しましょう。

① セルA1をダブルクリックします。
② セル内にカーソルが表示されるので、「推移」の右側にカーソルを移動し、「(3年間)」と入力します。
③ Enterキーを押して確定します。
③ もう一度Enterキーを押して、修正を終わります。

	A	B	C	D	E	F	G	H
1	外国人旅行者数の推移(3年間)							
2								
3					6月30日	現在		
4						単位:千人		
5		2015年	2016年	2017年	前年増減	合計	構成比	順位
6	アメリカ	1033	1242	1375				
7	カナダ	231	273	306				
8	中国	4994	6370	7356				
9	韓国	4002	5090	7140				
10	フィリピン	268	348	424				
11	ベトナム	185	234	309				
12	合計							
13	平均							
14	最大値							
15	最小値							
16	国の数							

Point　その他の一部修正方法

ダブルクリック以外に、次の方法でセル内にカーソルを表示することができます。

1. 修正するセルをクリックした後、数式バーをクリックする。
2. 修正するセルをクリックした後、F2キーを押す。

5-8　コピーと移動

セルの内容をコピーまたは移動すると、数式、数式の結果の値、セルの書式、およびコメントを含むセルがコピーまたは移動されます。セルの特定の内容または属性をコピーするのか、または移動するのかを選択する必要がある場合は [貼り付けのオプション] で選択します。

操作　セルE3からセルF4までのデータを、セルG3からセルH4まで移動しましょう。

① セルE3からF4までをドラッグして範囲選択します。
② [ホーム] タブ → [クリップボード] グループ → [切り取り] ボタンをクリックします。

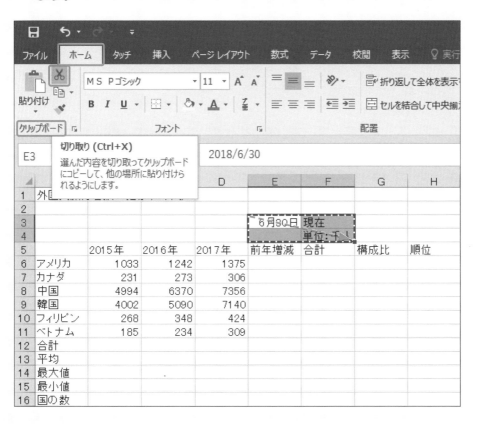

③ 移動先の左上に位置するセルG3をクリックします。
④ [ホーム] タブ → [クリップボード] グループ → [貼り付け] ボタンをクリックします。

⑤ 移動が完了しました。

	A	B	C	D	E	F	G	H
1	外国人旅行者数の推移(3年間)							
2								
3							6月30日	現在
4								単位:千人
5		2015年	2016年	2017年	前年増減	合計	構成比	順位
6	アメリカ	1033	1242	1375				
7	カナダ	231	273	306				
8	中国	4994	6370	7356				
9	韓国	4002	5090	7140				
10	フィリピン	268	348	424				
11	ベトナム	185	234	309				
12	合計							
13	平均							
14	最大値							
15	最小値							
16	国の数							

Point コピーの操作

① コピーする範囲を選択します。
② [ホーム] タブ → [クリップボード] グループ → [コピー] ボタンをクリックします。
③ コピー先の左上に位置するセルをクリックします。
④ [ホーム] タブ → [クリップボード] グループ → [貼り付け] ボタンをクリックします。

Point [貼り付けのオプション] ボタン

[ホーム] タブ → [クリップボード] グループ → [貼り付け] ボタンの下にある▼をクリックすると、次のような [貼り付けのオプション] が表示されます。

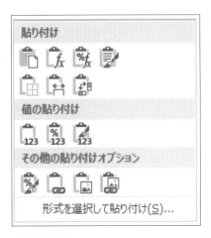

[貼り付けのオプション]の内容は以下のとおりです。

貼り付け		貼り付け	セルの書式や入力した文字・数式などの内容をそのまま貼り付ける。
		数式	セルに数式が入っている場合、数式のみを貼り付ける。
		数式と数値の書式	セルに数式が入っている場合、数式と数値の書式を貼り付ける。
		元の書式を保持	テーマをもとに書式設定されたセルやテキストを異なるテーマに貼り付けても、元の書式を保持したまま貼り付ける。
		罫線なし	罫線以外を貼り付ける。
		元の列幅を保持	書式や数式以外に、貼り付け元の列幅も一緒に貼り付ける。
		行列を入れ替える	行をコピーしたら、列として貼り付ける。 列をコピーしたら、行として貼り付ける。
値の貼り付け		値	貼り付け元が数式の場合、値(計算結果)を貼り付ける。
		値と数値の書式	貼り付け元が数式の場合、値(計算結果)と数値の書式のみを貼り付ける。
		値と元の書式	貼り付け元が数式の場合、元の書式を保持したまま値(計算結果)を貼り付ける。
その他の貼り付けオプション		書式設定	書式のみを貼り付ける。
		リンク貼り付け	セルが貼り付け元とリンクして貼り付く。数値の書式も貼り付ける。
		図	図として貼り付ける。図として貼り付けているので、貼り付け元は数式だが、貼り付け先は値になっている。
		リンクされた図	図として貼り付けるが、内容は貼り付け元とリンクしている。

5-9 列幅、行高の変更

ワークシート全体の列の幅は基準値として「8.38」、行の高さは基準値として「13.50」（2016Verは「18.75」）となっています。列幅や行の高さは変更することができます。見栄えの良い表を作成するためには必要な操作です。

5-9-1 ワークシート全体の列幅の変更

操作 ワークシート全体の列幅を「7.50」に変更しましょう。

① 全セル選択ボタンをクリックします。

	A	B	C	D	E	F	G	H
1	外国人旅行者数の推移(3年間)							
2								
3							6月30日	現在
4								単位:千人
5		2015年	2016年	2017年	前年増減	合計	構成比	順位
6	アメリカ	1033	1242	1375				
7	カナダ	231	273	306				
8	中国	4994	6370	7356				
9	韓国	4002	5090	7140				
10	フィリピン	268	348	424				
11	ベトナム	185	234	309				
12	合計							
13	平均							
14	最大値							
15	最小値							
16	国の数							

② 列番号「A」と「B」の境目にマウスポインタを合わせると、マウスポインタの形が ✢ に変わります。

	A	B	C	D	E	F	G	H
1	外国人旅行者数の推移(3年間)							
2								
3							6月30日	現在
4								単位:千人
5		2015年	2016年	2017年	前年増減	合計	構成比	順位
6	アメリカ	1033	1242	1375				
7	カナダ	231	273	306				
8	中国	4994	6370	7356				
9	韓国	4002	5090	7140				
10	フィリピン	268	348	424				
11	ベトナム	185	234	309				
12	合計							
13	平均							
14	最大値							
15	最小値							
16	国の数							

③ 左方向へドラッグし、「幅：7.50」と表示されたらドラッグを終了します。

	A	B	C	D	E	F	G	H
1	外国人旅行者数の推移(3年間)							
2								
3							6月30日	現在
4								単位:千人
5		2015年	2016年	2017年	前年増減	合計	構成比	順位
6	アメリカ	1033	1242	1375				
7	カナダ	231	273	306				
8	中国	4994	6370	7356				
9	韓国	4002	5090	7140				
10	フィリピン	268	348	424				
11	ベトナム	185	234	309				
12	合計							
13	平均							
14	最大値							
15	最小値							
16	国の数							

④ 任意のセルをクリックし、選択を解除します。

Point その他の列幅変更方法

1. **右クリックによる列幅の変更**
   右クリックするとショートカットメニューが表示されます。[列の幅]を選択し、数値を入力します。

2. **列幅の自動調整**
   列幅を変更したい列番号の右側にマウスポインタを合わせ、マウスポインタの形が ✢ に変わったらダブルクリックします。対象の列に入力されている一番長いデータに合わせて列幅を自動調整します。

5-9-2　1つの列幅の変更

操作　A列の幅を「11.00」に変更します。

① 列番号「A」と「B」の境目にマウスポインタを合わせます。
② マウスポインタの形が ✥ に変わったら、右方向へドラッグし、「幅：11.00」と表示されたらドラッグを終了します。

5-9-3　連続した複数の列幅の変更

操作　E列からG列の列幅を「9.00」に変更します。

① 列番号Eにマウスポインタを合わせ、マウスポインタの形が ↓ に変わったらクリックします。
② 列番号Gまでドラッグします。

	A	B	C	D	E	F	G	H
1	外国人旅行者数の推移(3年間)							
2								
3							6月30日	現在
4								単位：千人
5		2015年	2016年	2017年	前年増減	合計	構成比	順位
6	アメリカ	1033	1242	1375				
7	カナダ	231	273	306				
8	中国	4994	6370	7356				
9	韓国	4002	5090	7140				
10	フィリピン	268	348	424				
11	ベトナム	185	234	309				
12	合計							
13	平均							
14	最大値							
15	最小値							
16	国の数							

③ 列番号Gの上で、右クリックをします。ショートカットメニューが表示されます。右クリックする場所は、選択範囲している列番号の上であれば場所は問いません。

④ [列の幅] をクリックします。

	A	B	C	D	E	F	G	H	I
1	外国人旅行者数の推移(3年間)								
2									
3							6人		
4									
5		2015年	2016年	2017年	前年増減	合計	構成		
6	アメリカ	1033	1242	1375					
7	カナダ	231	273	306					
8	中国	4994	6370	7356					
9	韓国	4002	5090	7140					
10	フィリピン	268	348	424					
11	ベトナム	185	234	309					
12	合計								
13	平均								
14	最大値								
15	最小値								
16	国の数								

(右クリックメニュー:)
- 切り取り(T)
- コピー(C)
- 貼り付けのオプション:
- 形式を選択して貼り付け(S)...
- 挿入(I)
- 削除(D)
- 数式と値のクリア(N)
- セルの書式設定(F)...
- 列の幅(C)...
- 非表示(H)
- 再表示(U)

⑤ [列幅] ダイアログボックスが表示されます。
⑥ 「9」と入力し [OK] ボタンをクリックします。

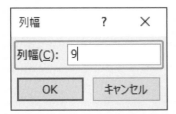

⑦ E列からG列までの列幅が「9.00」に変更されます。

5-9-4 離れた複数の列幅の変更

変更する列番号をクリックし、次に変更する列番号にマウスポインタを合わせます。マウスポインタの形が ↓ に変わったら、Ctrlキーを押したままクリックします。ドラッグして列幅を変更します。

あるいは、選択している列番号の上で右クリックし、列幅を入力して [OK] ボタンをクリックします。

CHAPTER 05

操作 練習として、D列とG列を範囲選択してみましょう。

	A	B	C	D	E	F	G	H
1	外国人旅行者数の推移(3年間)							
2								
3							6月30日	現在
4								単位:千人
5		2015年	2016年	2017年	前年増減	合計	構成比	順位
6	アメリカ	1033	1242	1375				
7	カナダ	231	273	306				
8	中国	4994	6370	7356				
9	韓国	4002	5090	7140				
10	フィリピン	268	348	424				
11	ベトナム	185	234	309				
12	合計							
13	平均							
14	最大値							
15	最小値							
16	国の数							

任意のセルをクリックして、選択を解除します。

5-10 文字の配置

Excelでは、文字データはセルの左詰め、数値データと日付データはセルの右詰めで表示されます。入力後、その配置を変更することができます。

5-10-1 右揃え

操作 セルH4のデータに右揃えを設定しましょう。

① セルH4をクリックします。
② [ホーム] タブ → [配置] グループ → [右揃え] ボタンをクリックします。

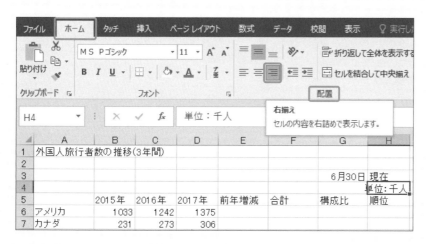

③ データがセル内で右揃えになりました。

操作 セルA12からセルA16までに、右揃えの設定をしましょう。

Point 右揃えの解除

右揃えを解除するには、もう一度[右揃え]ボタンをクリックします。

5-10-2 中央揃え

操作 セルB5からセルH5までのデータに中央揃えの設定をしましょう。

① セルB5をクリックし、H5までドラッグします。
② [ホーム]タブ → [配置]グループ → [中央揃え]ボタンをクリックします。

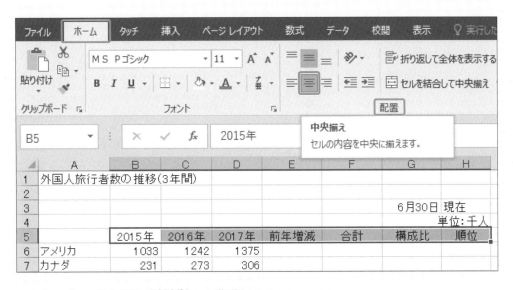

③ データがセル内で中央揃えの設定になりました。

Point 中央揃えの解除

中央揃えを解除するには、もう一度[中央揃え]ボタンをクリックします。

5-10-3 セルを結合して中央揃え

Excelでは、複数のセルを1つにまとめて、その中の中央にデータを配置することができます。

CHAPTER 05

> **操作** セルA1からセルH1までを、セルを結合して中央揃えにしましょう。

① セルA1をクリックしセルH1までドラッグします。

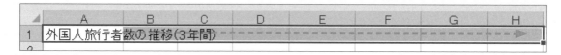

② [ホーム]タブ → [配置]グループ → [セルを結合して中央揃え]ボタンをクリックします。

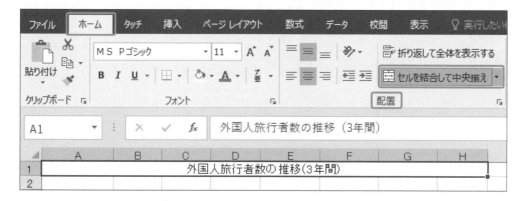

③ セルを結合して中央揃えの設定になりました。

Point **セルを結合して中央揃えの解除**

セルを結合して中央揃えを解除するには、もう一度[セルを結合して中央揃え]ボタンをクリックします。

5-10-4 均等割り付け

セルの中で文字列を均等に配置することができます。

> **操作** セルA6からセルA11の文字データに均等割り付けの設定をしましょう。

① セルA6をクリックし、セルA11までドラッグします。
② [ホーム]タブ → [配置]グループのダイアログボックス起動ツールをクリックします。

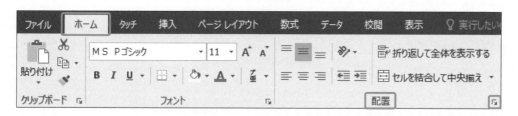

③ [セルの書式設定] ダイアログボックスが起動します。
④ [配置] タブの [文字の配置] → [横位置] の右側にある▼をクリックします。
⑤ [均等割り付け (インデント)] をクリックします。

⑥ [OK] ボタンをクリックします。
⑦ 文字がセル内で均等割り付けされます。

	A	B	C	D	E	F	G	H
1			外国人旅行者数の推移(3年間)					
2								
3							6月30日	現在
4								単位:千人
5		2015年	2016年	2017年	前年増減	合計	構成比	順位
6	アメリカ	1033	1242	1375				
7	カナダ	231	273	306				
8	中国	4994	6370	7356				
9	韓国	4002	5090	7140				
10	フィリピン	268	348	424				
11	ベトナム	185	234	309				
12	合計							
13	平均							
14	最大値							
15	最小値							
16	国の数							

CHAPTER 05

Point 均等割り付けの解除方法

① 均等割り付けの解除は、[ホーム] タブ → [配置] グループのダイアログボックス起動ツールをクリックします。
② [横位置] の▼ボタンをクリックし、[標準] をクリックします。

③ [OK] ボタンをクリックすると、均等割り付けが解除されます。

5-11 名前を付けて保存

操作 データの入力が終了した時点で、名前を付けて保存しましょう。

① [ファイル] タブ → [名前を付けて保存] → 任意の場所を選択します。
② ファイル名に「外国人旅行者」と入力し、Enterキーを押して確定します。
③ [保存] をクリックします。

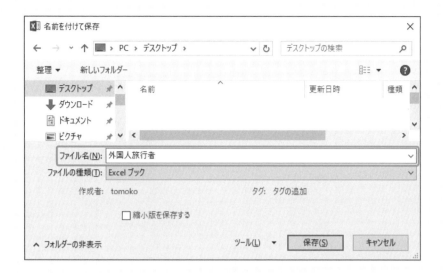

5-12 ブックを閉じる

操作 Excelのブックを閉じましょう。

① [ファイル] タブ → [閉じる] をクリックします。

② ブックが閉じます。このような画面になります。

5-13 ブックを開く

操作 保存したブックを画面に開いてみましょう。

① ［ファイル］タブ → ［開く］をクリックします。
② ［参照］をクリックします。

③ 保存した任意の場所を指定し、ファイル名：「外国人旅行者」を指定します。
④ 「外国人旅行者」が開きます。

	A	B	C	D	E	F	G	H
1			外国人旅行者数の推移(3年間)					
2								
3							6月30日	現在
4								単位:千人
5		2015年	2016年	2017年	前年増減	合計	構成比	順位
6	アメリカ	1033	1242	1375				
7	カナダ	231	273	306				
8	中国	4994	6370	7356				
9	韓国	4002	5090	7140				
10	フィリピン	268	348	424				
11	ベトナム	185	234	309				
12	合計							
13	平均							
14	最大値							
15	最小値							
16	国の数							

⑤ 「外国人旅行者」のブックを閉じましょう。

演習問題1 データを入力し、以下の問題を解答しましょう。
保存場所：任意　　ファイル名：ゼミ旅行候補

完成例

	A	B	C	D	E
1	ゼミ旅行候補				
2					
3		ツアー名	旅行代金	出発日	予約率
4	海外	楽園ハワイ5日間	138000	5月7日	0.795
5		シンガポールの旅4日間	87000	5月8日	0.735
6		マレーシアの旅4日間	85000	5月9日	0.622
7		グアムの自然を旅する5日間	68000	5月9日	0.582
8	国内	のんびり沖縄3日間	35000	5月6日	0.835
9		グルメ！北海道3日間	58900	5月7日	0.784
10		古都を訪ねる京都3日間	29800	5月8日	0.62

入力例

	A	B	C	D	E
1	ぜみりょこうこうほ				
2					
3	つあーめい		りょこうだいきん	しゅっぱつび	よやくりつ
4	かいがい	らくえんはわいいつかかん	138000	5月7日	0.795
5		しんがぽーるのたびよっかかん	87000	5月8日	0.735
6		まれーしあのたびよっかかん	85000	5月9日	0.622
7		ぐあむのしぜんをたびするいつかかん	68000	5月9日	0.582
8	こくない	のんびりおきなわみっかかん	35000	5月6日	0.835
9		ぐるめ！ほっかいどうみっかかん	58900	5月7日	0.784
10		ことをたずねるきょうとみっかかん	29800	5月8日	0.62

<問題1>書式設定をしましょう。

① A1からセルE1：「セルを結合して中央揃え」、「フォントサイズ」：14ポイント
② B列の列幅：「自動列幅調整」
③ セルA3からセルB3：「セルを結合して中央揃え」
④ セルC3からセルE3：「中央揃え」
⑤ セルA4からセルA7、セルA8からセルA10：「セルを結合して中央揃え」、「自動列幅調整」

<問題2>名前を付けて保存しましょう。

CHAPTER 06

第6章 計算式と関数

第6章では、計算式と関数の作り方について学習します。Excelでは演算子を使った計算式「四則演算」や、あらかじめ計算方法を定義して登録してある数式「関数」を使って簡単に計算を実行することができます。この関数によって数値の合計や平均値、最大値、最小値などを自動的に計算することができます。

この章で学ぶこと

この章では以下の項目を学習します。
理解できたらチェックをつけましょう。

- 6-1 数式の入力
- 6-1-1 演算子 ☐
- 6-1-2 たし算 ☐
- 6-1-3 引き算 ☐
- 6-1-4 数式のコピー ☐
- 6-1-5 自動再計算機能 ☐
- 6-2 関数の入力
- 6-2-1 関数の書式 ☐
- 6-2-2 「合計」を求めるSUM関数 ☐
- 6-2-3 「平均」を求めるAVERAGE関数 ☐
- 6-2-4 「最大値」を求めるMAX関数 ☐
- 6-2-5 「最小値」を求めるMIN関数 ☐
- 6-2-6 「データの個数」を数える関数 ☐
- 6-3 相対参照と絶対参照
- 6-3-1 相対参照 ☐
- 6-3-2 絶対参照 ☐
- 6-4 順位付けをするRANK.EQ関数 ☐
- 6-5 罫線
- 6-5-1 罫線を引く ☐
- 6-5-2 線種の変更 ☐
- 6-5-3 斜め線を引く ☐
- 6-5-4 塗りつぶしの色を設定 ☐
- 6-6 表示形式
- 6-6-1 桁区切りスタイルの設定 ☐
- 6-6-2 パーセントスタイルの設定 ☐
- 6-6-3 小数点以下の表示桁数の設定 ☐
- 6-7 上書き保存 ☐

CHAPTER 06

完成例

	A	B	C	D	E	F	G	H
1	外国人旅行者数の推移(3年間)							
2								
3							6月30日	現在
4								単位:千人
5		2015年	2016年	2017年	前年増減	合計	構成比	順位
6	アメリカ	1,033	1,242	1,375	133	3,650	8.2%	3
7	カナダ	231	273	306	33	810	1.8%	5
8	中国	4,994	6,370	7,356	986	18,720	42.0%	1
9	韓国	4,002	5,090	7,140	2,050	16,232	36.4%	2
10	フィリピン	268	348	424	76	1,040	2.3%	4
11	ベトナム	185	234	309	75	728	1.6%	6
12	合計	10,713	13,557	16,910	3,353	44,533		
13	平均	1,786	2,260	2,818	559	6,863		
14	最大値	4,994	6,370	7,356	2,050	18,720		
15	最小値	185	234	306	33	728		
16	国の数	6						

6-1 数式の入力

エクセル(Excel)で「足し算」「引き算」「掛け算」「割り算」といった四則演算を行う場合、「数式」を使用します。「数式」とは「計算式」のことです。四則演算では「演算子」を使用します。

6-1-1 演算子

記号	意味	説明
+(プラス)	足し算	A1+A2 (A1の値にA2を足す)
-(マイナス)	引き算	A1-A2 (A1の値からA2を引く)
*(アスタリスク)	掛け算	A1*A2 (A1の値にA2を掛ける)
/(スラッシュ)	割り算	A1/A2 (A1の値をA2で割る)
^(ハットまたはキャレット)	べき乗	A1^2 (A1を2乗する)

Point 演算子の優先順位

同じ優先順位の演算子が並んでいるときは左から計算されます。足し算や引き算よりも掛け算や割り算が優先されます。( )で囲むと、カッコ内の計算が優先されます。

Excelでは次のように数式を入力します。

6-1-2 足し算

操作 データの入力をしましょう。

① Excelを起動して、新規ブックを画面に表示しましょう。
② 文字データ、数値データを入力しましょう。文字の変換は③を参照しましょう。

入力例

	A	B	C	D
1				
2	しょうひんめい	Aてん	Bてん	ごうけい
3	みかん	100	110	
4	りんご	80	90	
5	ばなな	70	80	

③ セルD3をクリックします。日本語入力システムを「OFF」に切り替えましょう。半角文字で =(イコール)を入力します。

	A	B	C	D
1				
2	商品名	A店	B店	合計
3	みかん	100	110	=
4	りんご	80	90	
5	バナナ	70	80	

Point

数式はセル参照(セルの位置)で表現します。セル内の数値に変更があっても再計算できるようにするためです。数式を入力するときは、数式の対象となる数値が入力されているセルをクリックします。

④ セルB3をクリックします。

	A	B	C	D
1				
2	商品名	A店	B店	合計
3	みかん	100	110	=B3
4	りんご	80	90	
5	バナナ	70	80	

⑤ +（プラス）を入力します。

	A	B	C	D
1				
2	商品名	A店	B店	合計
3	みかん	100	110	=B3+
4	りんご	80	90	
5	バナナ	70	80	

⑥ さらに、数式の対象となる数値が入力されているセルC3をクリックします。

	A	B	C	D
1				
2	商品名	A店	B店	合計
3	みかん	100	110	=B3+C3
4	りんご	80	90	
5	バナナ	70	80	

⑦ 数式が完成したので、Enterキーを押します。

	A	B	C	D
1				
2	商品名	A店	B店	合計
3	みかん	100	110	210
4	りんご	80	90	
5	バナナ	70	80	

⑧ セルD3をクリックします。入力した数式は［数式バー］にも入力されていることを確認しましょう。

D3　　　fx　=B3+C3

	A	B	C	D
1				
2	商品名	A店	B店	合計
3	みかん	100	110	210
4	りんご	80	90	
5	バナナ	70	80	

⑨ 名前を付けて保存しましょう。
　　保存場所：任意の場所　　ファイル名：数式練習
⑩ ブックを閉じましょう。

6-1-3 引き算

引き算を使って「2017年」が「2016年」に比べてどのくらい旅行者の数が増えたのかを求めてみましょう。

操作 引き算の計算式を作りましょう。

① ブックを開きましょう。　ファイル名：外国人旅行者
② セルE6をクリックします。日本語入力システムが「OFF」であることを確認します。
③ ＝（イコール）を入力します。
④ セルD6をクリックします。
⑤ －（マイナス）を入力します。
⑥ セルC6をクリックします。

	A	B	C	D	E	F	G	H
1			外国人旅行者数の推移(3年間)					
2								
3							6月30日	現在
4								単位:千人
5			2015年	2016年	2017年	前年増減	合計	構成比	順位
6	アメリカ	1033	1242	1375	=D6-C6			
7	カナダ	231	273	306				
8	中　　国	4994	6370	7356				
9	韓　　国	4002	5090	7140				
10	フィリピン	268	348	424				
11	ベトナム	185	234	309				
12	合計							
13	平均							
14	最大値							
15	最小値							
16	国の数							

⑥ 数式が完成したので、Enterキーを押します。

	A	B	C	D	E	F	G	H
1			外国人旅行者数の推移(3年間)					
2								
3							6月30日	現在
4								単位:千人
5			2015年	2016年	2017年	前年増減	合計	構成比	順位
6	アメリカ	1033	1242	1375	133			
7	カナダ	231	273	306				
8	中　　国	4994	6370	7356				
9	韓　　国	4002	5090	7140				
10	フィリピン	268	348	424				
11	ベトナム	185	234	309				
12	合計							
13	平均							
14	最大値							
15	最小値							
16	国の数							

CHAPTER 06

6-1-4 数式のコピー

数式は、1つ作成したら残りはすべてコピーします。

操作 セルE6の「引き算」の数式をセルE11までコピーしましょう。

① セルE6をクリックします。
② フィルハンドルにマウスポインタを合わせます。マウスポインタの形が + に変わったら、E11までドラッグします。

	A	B	C	D	E	F	G	H
1		外国人旅行者数の推移(3年間)						
2								
3							6月30日	現在
4								単位:千人
5			2015年	2016年	2017年	前年増減	合計	構成比	順位
6	アメリカ	1033	1242	1375	133			
7	カナダ	231	273	306				
8	中国	4994	6370	7356				

	A	B	C	D	E	F	G	H
1		外国人旅行者数の推移(3年間)						
2								
3							6月30日	現在
4								単位:千人
5			2015年	2016年	2017年	前年増減	合計	構成比	順位
6	アメリカ	1033	1242	1375	133			
7	カナダ	231	273	306	33			
8	中国	4994	6370	7356	986			
9	韓国	4002	5090	7140	2050			
10	フィリピン	268	348	424	76			
11	ベトナム	185	234	309	75			
12	合計							
13	平均							
14	最大値							
15	最小値							
16	国の数							

③ 数式がコピーされました。

操作 セルF6にアメリカの2015年から2017年までの合計（たし算）を求める数式を入力しましょう。入力した数式をセルF11までコピーしましょう。

数式 =B6 + C6 + D6

6-1-5 自動再計算機能

Excelでは、セル内の数値が変わると計算をやり直します。これはExcelが計算を実行する場合の対象が数値そのものではなくセルの位置を対象としているからです。

操作 再計算の確認をしましょう。

① セルD6をクリックし、数値を「1000」に修正しましょう。
② セルE6、セルF6の計算結果が修正されました。

	A	B	C	D	E	F	G	H
1			外国人旅行者数の推移(3年間)					
2								
3							6月30日	現在
4								単位：千人
5		2015年	2016年	2017年	前年増減	合計	構成比	順位
6	アメリカ	1033	1242	1000	-242	3275		
7	カナダ	231	273	306	33	810		
8	中国	4994	6370	7356	986	18720		

③ 確認できたら、元に戻しておきましょう。クイックアクセスツールバーの [元に戻す] ボタン をクリックして戻しましょう。

6-2 関数の入力

「関数」とは、あらかじめExcelに用意されている数式のことです。目的に合わせて特定の計算を行うことができます。関数を使う場合は、演算記号を使って数式を入力する代わりに、（ ）カッコの中に必要な引数（ひきすう）を指定して計算を行います。

6-2-1 関数の書式

関数の書式は、先頭の＝（イコール）の次に関数名を入力し、（ ）カッコの中に引数を指定します。

CHAPTER 06

> 書式 =関数名（引数）

Point 引数とは

引数とは、関数に対して処理の対象となるセル参照、数値、文字列など、指定する必要がある情報のことです。関数によって指定する引数と数は異なります。引数にセル範囲を指定する時は、「:」（コロン）を使って（「から」という意味に使われます）セル範囲を指定します。引数の数が複数になる時は、「,」（カンマ）で区切って指定します。

6-2-2 「合計」を求めるSUM関数

> 書式 =SUM（セル番地：セル番地）

操作 セルB12に、2015年の「合計」を求める関数を作りましょう。

① セルB12をクリックします。
② ［ホーム］タブ →［編集］グループ → Σオート SUM （左側のΣ）ボタンをクリックします。
③ セルB12に「SUM関数」が挿入されます。

	A	B	C	D	E	F	G	H
1				外国人旅行者数の推移(3年間)				
2								
3							6月30日	現在
4								単位:千人
5		2015年	2016年	2017年	前年増減	合計	構成比	順位
6	アメリカ	1033	1242	1375	133	3650		
7	カナダ	231	273	306	33	810		
8	中国	4994	6370	7356	986	18720		
9	韓国	4002	5090	7140	2050	16232		
10	フィリピン	268	348	424	76	1040		
11	ベトナム	185	234	309	75	728		
12	合計	=SUM(B6:B11)						
13	平均	SUM(数値1, [数値2], ...)						
14	最大値							
15	最小値							
16	国の数							

④ 引数の範囲が正しいことを確認し、Enterキーを押します。
⑤ セルB12をクリックします。「数式バー」に、「SUM関数」の数式が確認できます。

B12		× ✓ fx	=SUM(B6:B11)				
	A	B	C	D	E	F	G	H
1		外国人旅行者数の推移(3年間)						
2								
3							6月30日	現在
4								単位:千人
5		2015年	2016年	2017年	前年増減	合計	構成比	順位
6	アメリカ	1033	1242	1375	133	3650		
7	カナダ	231	273	306	33	810		
8	中　　国	4994	6370	7356	986	18720		
9	韓　　国	4002	5090	7140	2050	16232		
10	フィリピン	268	348	424	76	1040		
11	ベトナム	185	234	309	75	728		
12	合計	10713						
13	平均							
14	最大値							
15	最小値							
16	国の数							

⑥ セルB12の「SUM関数」をセルF12までコピーします。

	A	B	C	D	E	F	G	H
1		外国人旅行者数の推移(3年間)						
2								
3							6月30日	現在
4								単位:千人
5		2015年	2016年	2017年	前年増減	合計	構成比	順位
6	アメリカ	1033	1242	1375	133	3650		
7	カナダ	231	273	306	33	810		
8	中　　国	4994	6370	7356	986	18720		
9	韓　　国	4002	5090	7140	2050	16232		
10	フィリピン	268	348	424	76	1040		
11	ベトナム	185	234	309	75	728		
12	合計	10713	13557	16910	3353	41180		
13	平均							
14	最大値							
15	最小値							
16	国の数							

CHAPTER 06

Point オートSUM関数の使い方

「SUM関数」に限って次のような使い方ができます。列と行の両方に一度に「SUM関数」が作れるので非常に便利です。

① セルB6からセルE12までを（SUM関数のすべての引数の範囲と関数を挿入する範囲）ドラッグして範囲選択します。

	A	B	C	D	E	F	G
1		外国人旅行者数の推移(3年間)					
2							
3						6月30日	現在
4							単位:千人
5			2015年	2016年	2017年	合計	構成比	順位
6	アメリカ	1033	1242	1375			
7	カナダ	231	273	306			
8	中国	4994	6370	7356			
9	韓国	4002	5090	7140			
10	フィリピン	268	348	424			
11	ベトナム	185	234	309			
12	合計						
13	平均						
14	最大値						
15	最小値						
16	国の数						

② ［ホーム］タブ →［編集］グループ → Σ オートSUM ▼ （左側のΣ）ボタンをクリックします。

③ セルB12からE12、E6からE11までに「SUM関数」が挿入されました。

	A	B	C	D	E	F	G
1		外国人旅行者数の推移(3年間)					
2							
3						6月30日	現在
4							単位:千人
5			2015年	2016年	2017年	合計	構成比	順位
6	アメリカ	1033	1242	1375	3650		
7	カナダ	231	273	306	810		
8	中国	4994	6370	7356	18720		
9	韓国	4002	5090	7140	16232		
10	フィリピン	268	348	424	1040		
11	ベトナム	185	234	309	728		
12	合計	10713	13557	16910	41180		
13	平均						
14	最大値						
15	最小値						
16	国の数						
17							

6-2-3 「平均」を求めるAVERAGE関数

書式 =AVERAGE（セル番地：セル番地）

操作 セルB13に、2015年の「平均」を求める関数を作りましょう。

① セルB13をクリックします。
② [ホーム] タブ → [編集] グループ → Σオート SUM （右側の下向き▼）ボタンをクリックします。
③ [平均] をクリックします。

- Σ 合計(S)
- 平均(A)
- 数値の個数(C)
- 最大値(M)
- 最小値(I)
- その他の関数(F)...

④ 「平均」を求めるAVERAGE関数が挿入されます。

	A	B	C	D	E	F	G	H
1			外国人旅行者数の推移(3年間)					
2								
3							6月30日	現在
4								単位:千人
5			2015年	2016年	2017年	前年増減	合計	構成比	順位
6	アメリカ	1033	1242	1375	133	3650		
7	カナダ	231	273	306	33	810		
8	中国	4994	6370	7356	986	18720		
9	韓国	4002	5090	7140	2050	16232		
10	フィリピン	268	348	424	76	1040		
11	ベトナム	185	234	309	75	728		
12	合計	10713	13557	16910	3353	41180		
13	平均	=AVERAGE(B6:B12)						
14	最大値	AVERAGE(数値1, [数値2], ...)						
15	最小値							
16	国の数							

⑤ 引数の範囲が正しくないので、範囲選択を取り直します。
　セルB6の上にマウスポインタを合わせ、✚ の形に変わったのを確認したら、セルB11までドラッグします。

	A	B	C	D	E	F	G	H
1				外国人旅行者数の推移(3年間)				
2								
3							6月30日	現在
4								単位:千人
5		2015年	2016年	2017年	前年増減	合計	構成比	順位
6	アメリカ	1033	1242	1375	133	3650		
7	カナダ	231	273	306	33	810		
8	中国	4994	6370	7356	986	18720		
9	韓国	4002	5090	7140	2050	16232		
10	フィリピン	268	348	424	76	1040		
11	ベトナム	185	234	309	75	728		
12	合計	10713	13557	16910	3353	41180		
13	平均	=AVERAGE(B6:B11)						
14	最大値	AVERAGE(数値1, [数値2], ...)						
15	最小値							
16	国の数							

⑥ 範囲の選択が正しく（B6からB11）訂正されたので、Enterキーを押します。

	A	B	C	D	E	F	G	H
1				外国人旅行者数の推移(3年間)				
2								
3							6月30日	現在
4								単位:千人
5		2015年	2016年	2017年	前年増減	合計	構成比	順位
6	アメリカ	1033	1242	1375	133	3650		
7	カナダ	231	273	306	33	810		
8	中国	4994	6370	7356	986	18720		
9	韓国	4002	5090	7140	2050	16232		
10	フィリピン	268	348	424	76	1040		
11	ベトナム	185	234	309	75	728		
12	合計	10713	13557	16910	3353	41180		
13	平均	1785.5						
14	最大値							
15	最小値							
16	国の数							

⑦ セルB13をクリックし、数式をセルF13までコピーします。

	A	B	C	D	E	F	G	H
1				外国人旅行者数の推移(3年間)				
2								
3							6月30日	現在
4								単位:千人
5		2015年	2016年	2017年	前年増減	合計	構成比	順位
6	アメリカ	1033	1242	1375	133	3650		
7	カナダ	231	273	306	33	810		
8	中国	4994	6370	7356	986	18720		
9	韓国	4002	5090	7140	2050	16232		
10	フィリピン	268	348	424	76	1040		
11	ベトナム	185	234	309	75	728		
12	合計	10713	13557	16910	3353	41180		
13	平均	1785.5	2259.5	2818.33	558.83333	6863.333		
14	最大値							
15	最小値							
16	国の数							

6-2-4 「最大値」を求めるMAX関数

書式 =MAX（セル番地：セル番地）

操作 セルB14に、2015年の「最大値」を求める関数を作りましょう。

① セルB14をクリックします。
② ［ホーム］タブ → ［編集］グループ → Σオート SUM ▼（右側の下向き▼）ボタンをクリックします。
③ ［最大値］をクリックします。

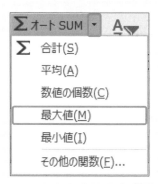

④ 「最大値」を求める「MAX関数」が挿入されます。

	A	B	C	D	E	F	G	H
1			外国人旅行者数の推移(3年間)					
2								
3							6月30日	現在
4								単位:千人
5			2015年	2016年	2017年	前年増減	合計	構成比	順位
6	アメリカ	1033	1242	1375	133	3650		
7	カナダ	231	273	306	33	810		
8	中国	4994	6370	7356	986	18720		
9	韓国	4002	5090	7140	2050	16232		
10	フィリピン	268	348	424	76	1040		
11	ベトナム	185	234	309	75	728		
12	合計	10713	13557	16910	3353	41180		
13	平均	1785.5	2259.5	2818.33	558.83333	6863.3333		
14	最大値	=MAX(B6:B13)						
15	最小値	MAX(数値1, [数値2], ...)						
16	国の数							

⑤ 引数の範囲が正しくないので、範囲選択を取り直します。
セルB6の上にマウスポインタを合わせ、✚の形に変わったのを確認したら、セルB11までドラッグします。

CHAPTER 06

	A	B	C	D	E	F	G	H
1		外国人旅行者数の推移(3年間)						
2								
3							6月30日	現在
4								単位：千人
5		2015年	2016年	2017年	前年増減	合計	構成比	順位
6	アメリカ	1033	1242	1375	133	3650		
7	カナダ	231	273	306	33	810		
8	中国	4994	6370	7356	986	18720		
9	韓国	4002	5090	7140	2050	16232		
10	フィリピン	268	348	424	76	1040		
11	ベトナム	185	234	309	75	728		
12	合計	10713	13557	16910	3353	41180		
13	平均	1785.5	2259.5	2818.33	558.83333	6863.3333		
14	最大値	=MAX(B6:B11)						
15	最小値	MAX(数値1, [数値2], ...)						
16	国の数							

⑥ 範囲の選択が正しく（B6からB11）訂正されたので、Enterキーを押します。

	A	B	C	D	E	F	G	H
1		外国人旅行者数の推移(3年間)						
2								
3							6月30日	現在
4								単位：千人
5		2015年	2016年	2017年	前年増減	合計	構成比	順位
6	アメリカ	1033	1242	1375	133	3650		
7	カナダ	231	273	306	33	810		
8	中国	4994	6370	7356	986	18720		
9	韓国	4002	5090	7140	2050	16232		
10	フィリピン	268	348	424	76	1040		
11	ベトナム	185	234	309	75	728		
12	合計	10713	13557	16910	3353	41180		
13	平均	1785.5	2259.5	2818.33	558.83333	6863.3333		
14	最大値	4994						
15	最小値							
16	国の数							

⑦ セルB14をクリックし、数式をセルF14までコピーします。

	A	B	C	D	E	F	G	H
1		外国人旅行者数の推移(3年間)						
2								
3							6月30日	現在
4								単位：千人
5		2015年	2016年	2017年	前年増減	合計	構成比	順位
6	アメリカ	1033	1242	1375	133	3650		
7	カナダ	231	273	306	33	810		
8	中国	4994	6370	7356	986	18720		
9	韓国	4002	5090	7140	2050	16232		
10	フィリピン	268	348	424	76	1040		
11	ベトナム	185	234	309	75	728		
12	合計	10713	13557	16910	3353	41180		
13	平均	1785.5	2259.5	2818.33	558.83333	6863.3333		
14	最大値	4994	6370	7356	2050	18720		
15	最小値							
16	国の数							

6-2-5 「最小値」を求めるMIN関数

書式 =MIN（セル番地：セル番地）

操作 セルB15に、2015年の「最小値」を求める関数を作りましょう。

① セルB15をクリックします。
② ［ホーム］タブ→［編集］グループ→ ΣオートSUM （右側の下向き▼）ボタンをクリックします。
③ ［最小値］をクリックします。

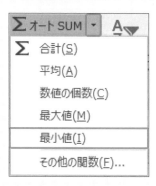

④ 「最小値」を求める「MIN関数」が挿入されます。

	A	B	C	D	E	F	G	H
1			外国人旅行者数の推移(3年間)					
2								
3							6月30日	現在
4								単位:千人
5		2015年	2016年	2017年	前年増減	合計	構成比	順位
6	アメリカ	1033	1242	1375	133	3650		
7	カナダ	231	273	306	33	810		
8	中国	4994	6370	7356	986	18720		
9	韓国	4002	5090	7140	2050	16232		
10	フィリピン	268	348	424	76	1040		
11	ベトナム	185	234	309	75	728		
12	合計	10713	13557	16910	3353	41180		
13	平均	1785.5	2259.5	2818.33	558.83333	6863.3333		
14	最大値	4994	6370	7356	2050	18720		
15	最小値	=MIN(B6:B14)						
16	国の数	MIN(数値1, [数値2], ...)						

⑤ 引数の範囲が正しくないので、範囲選択を取り直します。
　セルB6の上にマウスポインタを合わせ、✚ の形に変わったのを確認したら、セルB11までドラッグします。

CHAPTER 06

	A	B	C	D	E	F	G	H
1		外国人旅行者数の推移(3年間)						
2								
3							6月30日	現在
4								単位:千人
5		2015年	2016年	2017年	前年増減	合計	構成比	順位
6	アメリカ	1033	1242	1375	133	3650		
7	カナダ	231	273	306	33	810		
8	中国	4994	6370	7356	986	18720		
9	韓国	4002	5090	7140	2050	16232		
10	フィリピン	268	348	424	76	1040		
11	ベトナム	185	234	309	75	728		
12	合計	10713	13557	16910	3353	41180		
13	平均	1785.5	2259.5	2818.33	558.83333	6863.3333		
14	最大値	4994	6370	7356	2050	18720		
15	最小値	=MIN(B6:B11)						
16	国の数	MIN(数値1, [数値2], ...)						

⑥ 範囲の選択が正しく（B6からB11）訂正されたので、Enterキーを押します。

	A	B	C	D	E	F	G	H
1		外国人旅行者数の推移(3年間)						
2								
3							6月30日	現在
4								単位:千人
5		2015年	2016年	2017年	前年増減	合計	構成比	順位
6	アメリカ	1033	1242	1375	133	3650		
7	カナダ	231	273	306	33	810		
8	中国	4994	6370	7356	986	18720		
9	韓国	4002	5090	7140	2050	16232		
10	フィリピン	268	348	424	76	1040		
11	ベトナム	185	234	309	75	728		
12	合計	10713	13557	16910	3353	41180		
13	平均	1785.5	2259.5	2818.33	558.83333	6863.3333		
14	最大値	4994	6370	7356	2050	18720		
15	最小値	185						
16	国の数							

⑦ セルB15をクリックし、数式をセルF15までコピーします。

	A	B	C	D	E	F	G	H
1		外国人旅行者数の推移(3年間)						
2								
3							6月30日	現在
4								単位:千人
5		2015年	2016年	2017年	前年増減	合計	構成比	順位
6	アメリカ	1033	1242	1375	133	3650		
7	カナダ	231	273	306	33	810		
8	中国	4994	6370	7356	986	18720		
9	韓国	4002	5090	7140	2050	16232		
10	フィリピン	268	348	424	76	1040		
11	ベトナム	185	234	309	75	728		
12	合計	10713	13557	16910	3353	41180		
13	平均	1785.5	2259.5	2818.33	558.83333	6863.3333		
14	最大値	4994	6370	7356	2050	18720		
15	最小値	185	234	309	33	728		
16	国の数							
17								

6-2-6 「数値データの個数」を数える関数

B列などに入力されている数値データの個数を数える場合はCOUNT関数を使用します。

書式 = COUNT（セル番地：セル番地）

操作 セルB16に、今回の調査対象となった国の「数」を数える関数を作りましょう。

① セルB16をクリックします。
② [ホーム] タブ → [編集] グループ → Σオート SUM ▼ （右側の下向き▼）ボタンをクリックします。
③ [数値の個数] をクリックします。

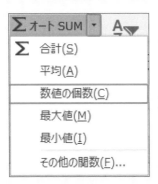

④ 「数値の個数」を求める「COUNT関数」が挿入されます。

	A	B	C	D	E	F	G	H
1			外国人旅行者数の推移(3年間)					
2								
3							6月30日	現在
4								単位:千人
5		2015年	2016年	2017年	前年増減	合計	構成比	順位
6	アメリカ	1033	1242	1375	133	3650		
7	カナダ	231	273	306	33	810		
8	中国	4994	6370	7356	986	18720		
9	韓国	4002	5090	7140	2050	16232		
10	フィリピン	268	348	424	76	1040		
11	ベトナム	185	234	309	75	728		
12	合計	10713	13557	16910	3353	41180		
13	平均	1785.5	2259.5	2818.33	558.83333	6863.3333		
14	最大値	4994	6370	7356	2050	18720		
15	最小値	185	234	306	33	728		
16	国の数	=COUNT(B6:B15)						
17		COUNT(値1, [値2], ...)						
18								

⑤ 引数の範囲が正しくないので、範囲選択を取り直します。
　セルB6の上にマウスポインタを合わせ、✜の形に変わったのを確認したら、セルB11までドラッグします。

	A	B	C	D	E	F	G	H
1				外国人旅行者数の推移(3年間)				
2								
3							6月30日	現在
4								単位:千人
5			2015年	2016年	2017年	前年増減	合計	構成比	順位
6	アメリカ	1033	1242	1375	133	3650		
7	カナダ	231	273	306	33	810		
8	中　国	4994	6370	7356	986	18720		
9	韓　国	4002	5090	7140	2050	16232		
10	フィリピン	268	348	424	76	1040		
11	ベトナム	185	234	309	75	728		
12	合計	10713	13557	16910	3353	41180		
13	平均	1785.5	2259.5	2818.33	558.83333	6863.3333		
14	最大値	4994	6370	7356	2050	18720		
15	最小値	185	234	306	33	728		
16	国の数	=COUNT(B6:B11)						
17		COUNT(値1, [値2], ...)						
18								

⑥ 範囲の選択が正しく（B6からB11）訂正されたので、Enterキーを押します。

	A	B	C	D	E	F	G	H
1				外国人旅行者数の推移(3年間)				
2								
3							6月30日	現在
4								単位:千人
5			2015年	2016年	2017年	前年増減	合計	構成比	順位
6	アメリカ	1033	1242	1375	133	3650		
7	カナダ	231	273	306	33	810		
8	中　国	4994	6370	7356	986	18720		
9	韓　国	4002	5090	7140	2050	16232		
10	フィリピン	268	348	424	76	1040		
11	ベトナム	185	234	309	75	728		
12	合計	10713	13557	16910	3353	41180		
13	平均	1785.5	2259.5	2818.33	558.83333	6863.3333		
14	最大値	4994	6370	7356	2050	18720		
15	最小値	185	234	306	33	728		
16	国の数	6						
17								

⑦ 上書き保存しましょう。

Hint 「空白でないセルの数」を数える関数

A列に入力されている「文字データの個数」を数えたい場合は、「空白ではないセルの数」を数えるCOUNTA関数を使用します。

> **書式** ＝ COUNTA（セル番地：セル番地）

関数の引数に指定するデータの種類によって、この2つの関数は使い分けます。

Point その他の関数の挿入

関数を挿入する方法はいくつかあります。

1. [ホーム] タブ → [編集] グループ → Σオート SUM ▼ をクリック → [その他の関数] をクリック → [関数の引数] ダイアログボックスが表示 → 関数を選択する。
2. [数式バー] の左側にある *fx* ボタンをクリック → [関数の引数] ダイアログボックスが表示 → 関数を選択する。
3. [数式] タブ → [関数ライブラリ] グループから選択する。

6-3 相対参照と絶対参照

数式は、一般的に「＝A1＋B1」のように、「セルを参照」して作ります。セルに入力した数式を別のセルにコピーする場合、コピーした位置に応じて数式内で参照しているセルの番地も変化するのが「相対参照」で、変わらないのが「絶対参照」です。

6-3-1 相対参照

数式をコピーすると、セル参照の位置が自動的に調整されます。

	A	B	C	D	
1					
2	商品名	単価	個数	売上金額	
3	ぶどう	150	10	1500	＝ B3 * C3
4	バナナ	100	8	800	＝ B4 * C4
5	りんご	130	9	1170	＝ B5 * C5

CHAPTER 06

6-3-2 絶対参照

絶対参照の場合、数式をコピーしてもセル参照の位置が変わらず必ずそのセルの位置が参照されます。セル参照の位置を固定したいセルをクリックしたら、F4キーを押して絶対参照に切り替えます。セル参照は、F4キーを押す回数によって次のように変わります。

	A	B	C
1	単価		
2	100		
3			
4	商品名	個数	売上金額
5	ぶどう	10	1000 |= $A$2 * B5
6	バナナ	8	800 |= $A$2 * B6
7	りんご	9	900 |= $A$2 * B7

操作 G列の全体に対する「構成比」を求めましょう。

① G6をクリックします。
② =（イコール）を入力します。
③ セルF6をクリックします。
④ /（スラッシュ）を入力します。
⑤ セルF12をクリックします。
全体の「合計」はセル「F12」にしかないので、数式をコピーしたときにセル参照の位置が変わらないように、「絶対参照」の指定に切り替えます。
⑥ F4キーを押します。

	A	B	C	D	E	F	G	H
1				外国人旅行者数の推移(3年間)				
2								
3							6月30日	現在
4								単位:千人
5		2015年	2016年	2017年	前年増減	合計	構成比	順位
6	アメリカ	1033	1242	1375	133	3650	=F6/$F$12	
7	カナダ	231	273	306	33	810		
8	中国	4994	6370	7356	986	18720		
9	韓国	4002	5090	7140	2050	16232		
10	フィリピン	268	348	424	76	1040		
11	ベトナム	185	234	309	75	728		
12	合計	10713	13557	16910	3353	41180		
13	平均	1785.5	2259.5	2818.33	558.83333	6863.3333		
14	最大値	4994	6370	7356	2050	18720		
15	最小値	185	234	306	33	728		
16	国の数	6						

⑦ Enter キーを押します。

	A	B	C	D	E	F	G	H
1				外国人旅行者数の推移(3年間)				
2								
3							6月30日	現在
4								単位:千人
5		2015年	2016年	2017年	前年増減	合計	構成比	順位
6	アメリカ	1033	1242	1375	133	3650	0.0886353	
7	カナダ	231	273	306	33	810		
8	中国	4994	6370	7356	986	18720		
9	韓国	4002	5090	7140	2050	16232		
10	フィリピン	268	348	424	76	1040		
11	ベトナム	185	234	309	75	728		
12	合計	10713	13557	16910	3353	41180		
13	平均	1785.5	2259.5	2818.33	558.83333	6863.3333		
14	最大値	4994	6370	7356	2050	18720		
15	最小値	185	234	306	33	728		
16	国の数	6						

⑧ セルG6をクリックし、数式をセルG11までコピーします。

	A	B	C	D	E	F	G	H
1				外国人旅行者数の推移(3年間)				
2								
3							6月30日	現在
4								単位:千人
5		2015年	2016年	2017年	前年増減	合計	構成比	順位
6	アメリカ	1033	1242	1375	133	3650	0.0886353	
7	カナダ	231	273	306	33	810	0.0196697	
8	中国	4994	6370	7356	986	18720	0.4545896	
9	韓国	4002	5090	7140	2050	16232	0.3941719	
10	フィリピン	268	348	424	76	1040	0.025255	
11	ベトナム	185	234	309	75	728	0.0176785	
12	合計	10713	13557	16910	3353	41180		
13	平均	1785.5	2259.5	2818.33	558.83333	6863.3333		
14	最大値	4994	6370	7356	2050	18720		
15	最小値	185	234	306	33	728		
16	国の数	6						

CHAPTER 06

6-4 順位付けをするRANK.EQ関数

セルの値に順位を付ける関数です。数式は以下のようになります。

> **書式** =RANK.EQ（数値, 参照, 順位）

引数の「順位」は、「降順（数の大きいものから数えての順位）」か「昇順（数の小さいものから数えての順位）」、どちらかを指定します。

操作 F列の合計の数値の大きい順に順位を付けましょう。

① セルH6をクリックします。
② [数式] タブ → [関数ライブラリ] グループ → [その他の関数] ボタン → [統計] → [RANK.EQ] をクリックします（スクロールバーを下の方へ下げましょう）。

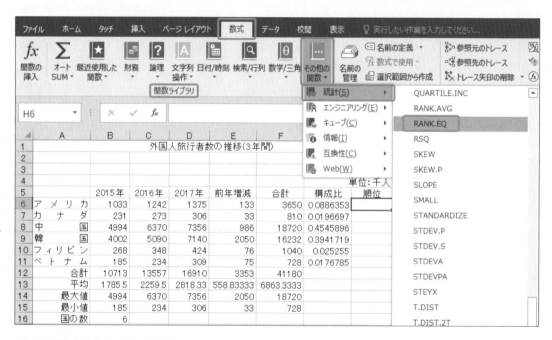

③ [関数の引数] ダイアログボックスが表示されます。
④ [数値] ボックスで、セルF6をクリックします。

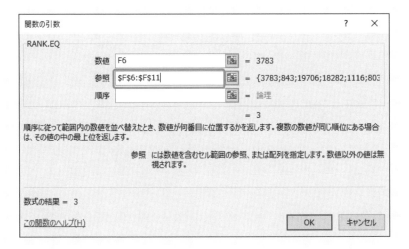

⑥ [参照] ボックスでセルF6からセルF11までドラッグして「F6：F11」と表示された後、F4キーを押して絶対参照の設定をします。

⑦ [順序] ボックスに、数値の大きい順に順位を付けるので、「0」を入力（「0」は省略しても可）します。
⑧ 数式の結果が表示されます。[OK] をクリックします。

CHAPTER 06

⑨ セルH6に順位が表示されました。数式をセルH11までコピーします。

	A	B	C	D	E	F	G	H
1				外国人旅行者数の推移(3年間)				
2								
3							6月30日	現在
4								単位:千人
5		2015年	2016年	2017年	前年増減	合計	構成比	順位
6	アメリカ	1033	1242	1375	133	3650	0.0886353	3
7	カナダ	231	273	306	33	810	0.0196697	5
8	中国	4994	6370	7356	986	18720	0.4545896	1
9	韓国	4002	5090	7140	2050	16232	0.3941719	2
10	フィリピン	268	348	424	76	1040	0.025255	4
11	ベトナム	185	234	309	75	728	0.0176785	6
12	合計	10713	13557	16910	3353	41180		
13	平均	1785.5	2259.5	2818.33	558.83333	6863.3333		
14	最大値	4994	6370	7356	2050	18720		
15	最小値	185	234	306	33	728		
16	国の数	6						

⑩ 上書き保存しましょう。

6-5 罫線

Excelの画面で表を作るとき、セルを囲んでいる枠線を1つの基準として、セルの中に項目、数値、数式を入力していきます。ただし、この枠線は初期設定では印刷されないので、印刷して表として分かるようにするためには「罫線」を引く必要があります。

6-5-1 罫線を引く

操作 「外国人旅行者数の推移(3年間)」の表に罫線を引きましょう。

① セルA5をクリックし、マウスポインタの形が ✚ に変わったら、セルH16までドラッグして範囲選択します。

	A	B	C	D	E	F	G	H
1				外国人旅行者数の推移(3年間)				
2								
3							6月30日	現在
4								単位:千人
5		2015年	2016年	2017年	前年増減	合計	構成比	順位
6	アメリカ	1033	1242	1375	133	3650	0.0886353	3
7	カナダ	231	273	306	33	810	0.0196697	5
8	中国	4994	6370	7356	986	18720	0.4545896	1
9	韓国	4002	5090	7140	2050	16232	0.3941719	2
10	フィリピン	268	348	424	76	1040	0.025255	4
11	ベトナム	185	234	309	75	728	0.0176785	6
12	合計	10713	13557	16910	3353	41180		
13	平均	1785.5	2259.5	2818.33	558.83333	6863.3333		
14	最大値	4994	6370	7356	2050	18720		
15	最小値	185	234	306	33	728		
16	国の数	6						

② [ホーム] タブ → [フォント] グループ → [罫線] ボタンの右側にある▼をクリックします。
③ [格子] をクリックします。

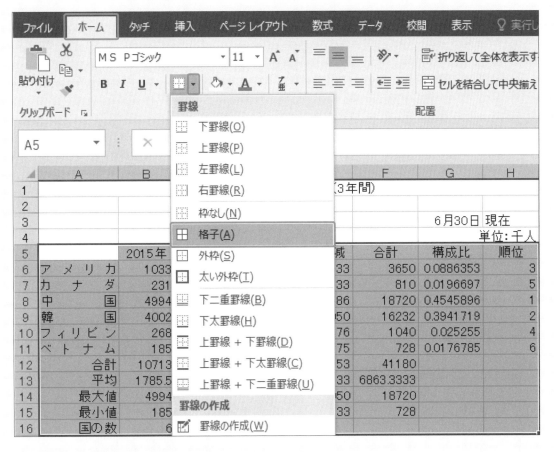

④ 選択した範囲に格子状の罫線が引かれました。

6-5-2 線種の変更

操作 表の外枠の種類を「太い外枠」(太い線)に変更しましょう。

① [ホーム]タブ → [フォント]グループ → [罫線]ボタンの右側にある▼をクリックします。
② [太い外枠](2013以前のバージョンは[外枠太罫線])をクリックします。

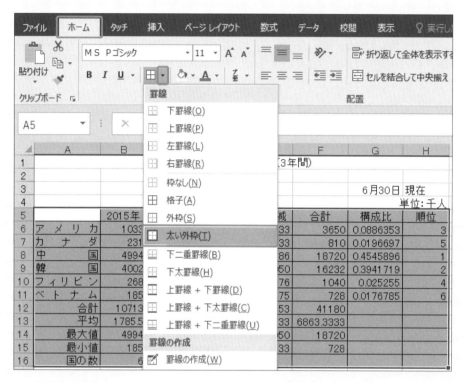

③ 任意のセルをクリックして、表の外枠の罫線が太くなっているのを確認しましょう。

	A	B	C	D	E	F	G	H
1		外国人旅行者数の推移(3年間)						
2								
3							6月30日	現在
4								単位:千人
5		2015年	2016年	2017年	前年増減	合計	構成比	順位
6	アメリカ	1033	1242	1375	133	3650	0.0886353	3
7	カナダ	231	273	306	33	810	0.0196697	5
8	中国	4994	6370	7356	986	18720	0.4545896	1
9	韓国	4002	5090	7140	2050	16232	0.3941719	2
10	フィリピン	268	348	424	76	1040	0.025255	4
11	ベトナム	185	234	309	75	728	0.0176785	6
12	合計	10713	13557	16910	3353	41180		
13	平均	1785.5	2259.5	2818.33	558.83333	6863.3333		
14	最大値	4994	6370	7356	2050	18720		
15	最小値	185	234	306	33	728		
16	国の数	6						

操作 項目の下の罫線の種類を「下二重罫線」に変更しましょう。

① セルA5をクリックし、マウスポインタの形が ✢ に変わったらセルH5までドラッグします。
② [フォント] グループ →[罫線] ボタンの右側にある▼をクリックします。
③ [下二重罫線] をクリックします。

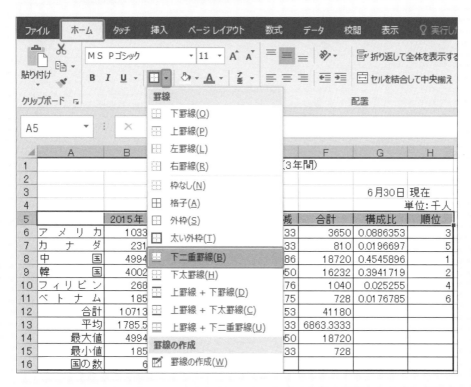

④ 任意のセルをクリックして、セルA5からセルH5の下の罫線の種類が二重線に変更されているのを確認しましょう。

⑤ 同じように、セルA11からセルH11までをドラッグして [下二重罫線] を引きましょう。

Point

[罫線]ボタンは前に選んだ線種のボタンに変わります。同じ線種の罫線を引く場合は、[罫線]ボタンをクリックします。

⑥ 任意のセルをクリックして、11行目の下の罫線の種類が二重線に変更されているのを確認しましょう。

Point 罫線の削除

罫線を削除する場合は、[枠なし]を選択します。

Hint

その他の罫線は、[セルの書式] のダイアログボックスの [罫線] タブで指定します。

① [ホーム] タブ → [フォント] グループ のダイアログボックス起動ツールをクリックします。

② [セルの書式設定] ダイアログボックスが起動します。

③ [罫線] タブをクリックします。

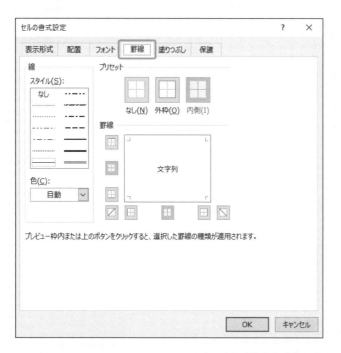

それぞれの設定は以下のとおりです。

線	スタイル (S)	設定したい線種を選択します。
	色 (C)	設定したい罫線の色を選択します。
プリセット	なし (N)	すでに設定されている罫線を削除します。
	外枠 (O)	選択範囲の外枠に、現在選択されている種類の罫線が引かれます。
	内側 (I)	選択範囲の内側に、現在選択されている種類の罫線が引かれます。
罫線		選択範囲内に引かれた罫線が表示されるプレビュー枠です。また、プレビュー枠の周りにあるボタンをクリックすると、現在選択されている罫線を引くことができます。

Point それ以外の［罫線］のダイアログボックスの表示方法

1. ［ホーム］タブ → ［フォント］グループ → ［罫線］右側の▼ボタン → ［その他の罫線］
2. ［ホーム］タブ → ［セル］グループ → ［書式］右側の▼ボタン → ［セルの書式設定］
3. 選択範囲内で右クリック → ［セルの書式設定］

6-5-3 斜め線を引く

操作 セルA5に、右クリックを使用して、右下がりの斜めの罫線を引きましょう。

① セルA5をクリックします。
② マウスポインタの形が ✛ であることを確認したら右クリックします。
③ ショートカットメニューが表示されますので、［セルの書式設定］をクリックします。
④ ［セルの書式設定］ダイアログボックスが起動するので、［罫線］タブをクリックします。
⑤ ［線］の種類を［細線］に変更し、［右下がり］のボタンをクリックします。

⑥ [OK] をクリックします。

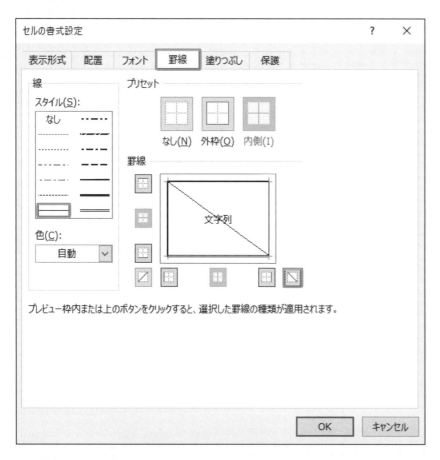

⑦ 右下がりの罫線が引けました。

	A	B	C	D	E	F	G	H
1	外国人旅行者数の推移(3年間)							
2								
3							6月30日	現在
4								単位:千人
5		2015年	2016年	2017年	前年増減	合計	構成比	順位
6	アメリカ	1033	1242	1375	133	3650	0.0886353	3
7	カナダ	231	273	306	33	810	0.0196697	5
8	中国	4994	6370	7356	986	18720	0.4545896	1
9	韓国	4002	5090	7140	2050	16232	0.3941719	2
10	フィリピン	268	348	424	76	1040	0.025255	4
11	ベトナム	185	234	309	75	728	0.0176785	6
12	合計	10713	13557	16910	3353	41180		
13	平均	1785.5	2259.5	2818.33	558.83333	6863.3333		
14	最大値	4994	6370	7356	2050	18720		
15	最小値	185	234	306	33	728		
16	国の数	6						

CHAPTER 06

6-5-4 塗りつぶしの色を設定

均一な色、または特定のパターンでセルを塗りつぶすことができます。

操作 セルA5からセルH5の範囲に塗りつぶしの色を設定しましょう。

① セルA5からセルH5までを範囲選択しましょう。

	A	B	C	D	E	F	G	H
1			外国人旅行者数の推移(3年間)					
2								
3							6月30日	現在
4								単位:千人
5			2015年	2016年	2017年	前年増減	合計	構成比	順位
6	アメリカ	1033	1242	1375	133	3650	0.0886353	3
7	カナダ	231	273	306	33	810	0.0196697	5

② [ホーム] タブ → [フォント] グループ → [塗りつぶし] ボタン右側の▼をクリックします。
③ [塗りつぶしの色] の一覧が表示されます。
④ [テーマの色] → [青、アクセント5、白+基本色60%] をポイントし、クリックします。

⑤ セルに選択した色が設定されました。

Point リアルタイムプレビュー

塗りつぶしの色、フォントの色、フォントなどの表示された一覧をポイントすると、設定後の結果を確認することができます。

Point [塗りつぶし] 設定の解除方法

[塗りつぶし] の表示された一覧から [塗りつぶしなし] を選択します。

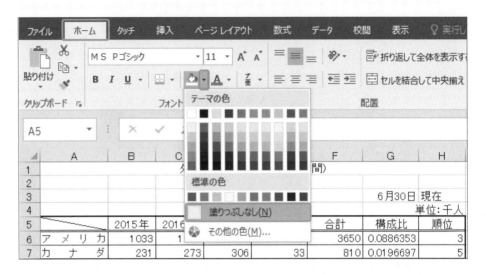

6-6 表示形式

Excelの入力データは数値、日付、文字列などがあります。それぞれに適した表示に切り替えるのが表示形式です。データに表示形式を設定することで、セル内のデータの値を変えずに見た目のみを変えて見やすく、分かりやすくすることができます。

表示形式の既定値は、「標準」です。数値の書式のバーが「標準」になっていることを確認しましょう。

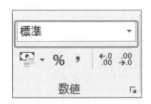

6-6-1 桁区切りスタイルの設定

数字の3桁ごとに「,」(カンマ) を設定することできます。

CHAPTER 06

操作 数値データに桁区切りスタイルを設定しましょう。

① セルB6からセルF15を範囲選択します。

	A	B	C	D	E	F	G	H
1			外国人旅行者数の推移(3年間)					
2								
3							6月30日	現在
4								単位:千人
5			2015年	2016年	2017年	前年増減	合計	構成比	順位
6	アメリカ	1033	1242	1375	133	3650	0.0886353	3
7	カナダ	231	273	306	33	810	0.0196697	5
8	中国	4994	6370	7356	986	18720	0.4545896	1
9	韓国	4002	5090	7140	2050	16232	0.3941719	2
10	フィリピン	268	348	424	76	1040	0.025255	4
11	ベトナム	185	234	309	75	728	0.0176785	6
12	合計	10713	13557	16910	3353	41180		
13	平均	1785.5	2259.5	2818.33	558.83333	6863.3333		
14	最大値	4994	6370	7356	2050	18720		
15	最小値	185	234	306	33	728		
16	国の数	6						

② [ホーム]タブ → [数値]グループ → [桁区切りスタイル]ボタンをクリックします。

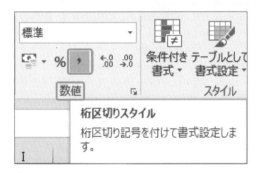

③ [桁区切り]のスタイルが設定されました。

	A	B	C	D	E	F	G	H
1			外国人旅行者数の推移(3年間)					
2								
3							6月30日	現在
4								単位:千人
5			2015年	2016年	2017年	前年増減	合計	構成比	順位
6	アメリカ	1,033	1,242	1,375	133	3,650	0.0886353	3
7	カナダ	231	273	306	33	810	0.0196697	5
8	中国	4,994	6,370	7,356	986	18,720	0.4545896	1
9	韓国	4,002	5,090	7,140	2,050	16,232	0.3941719	2
10	フィリピン	268	348	424	76	1,040	0.025255	4
11	ベトナム	185	234	309	75	728	0.0176785	6
12	合計	10,713	13,557	16,910	3,353	41,180		
13	平均	1,786	2,260	2,818	559	6,863		
14	最大値	4,994	6,370	7,356	2,050	18,720		
15	最小値	185	234	306	33	728		
16	国の数	6						

④ 数値の書式のバーが「通貨」になっていることを確認しましょう。

Point 表示形式設定の解除

数値の書式バーの一覧から[標準]を選択します。

6-6-2 パーセントスタイルの設定

操作 数値をパーセント(%)のついた表示に設定しましょう。

① セルG6からセルG11を範囲選択します。
② [ホーム]タブ →[数値]グループ →[パーセントスタイル]ボタンをクリックします。

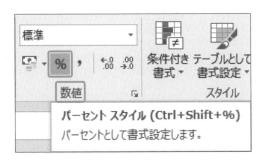

③ 「パーセント」のスタイルが設定されました。

	A	B	C	D	E	F	G	H
1				外国人旅行者数の推移(3年間)				
2								
3							6月30日	現在
4								単位:千人
5			2015年	2016年	2017年	前年増減	合計	構成比	順位
6	アメリカ	1,033	1,242	1,375	133	3,650	9%	3
7	カナダ	231	273	306	33	810	2%	5
8	中国	4,994	6,370	7,356	986	18,720	45%	1
9	韓国	4,002	5,090	7,140	2,050	16,232	39%	2
10	フィリピン	268	348	424	76	1,040	3%	4
11	ベトナム	185	234	309	75	728	2%	6
12	合計	10,713	13,557	16,910	3,353	41,180		
13	平均	1,786	2,260	2,818	559	6,863		
14	最大値	4,994	6,370	7,356	2,050	18,720		
15	最小値	185	234	306	33	728		
16	国の数	6						

6-6-3 小数点以下の表示桁数の設定

小数点以下の数値の表示桁数を「増やす」、「減らす」ことができます。

> **操作**　「構成比」のパーセントスタイルを小数第1位の表示桁数に設定しましょう。

① セルG6からセルG11を範囲選択します。数値の書式のバーが「パーセンテージ」になっていることを確認しましょう。

② [ホーム] タブ →［数値］グループ →［小数点以下の表示桁数を増やす］ボタンをクリックします。

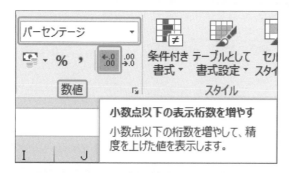

③ 小数第1位の表示桁数のスタイルが設定されました。

	A	B	C	D	E	F	G	H
1				外国人旅行者数の推移(3年間)				
2								
3							6月30日	現在
4								単位:千人
5			2015年	2016年	2017年	前年増減	合計	構成比	順位
6	アメリカ	1,033	1,242	1,375	133	3,650	8.9%	3
7	カナダ	231	273	306	33	810	2.0%	5
8	中国	4,994	6,370	7,356	986	18,720	45.5%	1
9	韓国	4,002	5,090	7,140	2,050	16,232	39.4%	2
10	フィリピン	268	348	424	76	1,040	2.5%	4
11	ベトナム	185	234	309	75	728	1.8%	6
12	合計	10,713	13,557	16,910	3,353	41,180		
13	平均	1,786	2,260	2,818	559	6,863		
14	最大値	4,994	6,370	7,356	2,050	18,720		
15	最小値	185	234	306	33	728		
16	国の数	6						

Point

小数点以下の表示桁数を減らす場合は、[小数点以下の表示桁数を減らす] ボタンをクリックします。

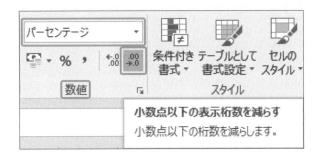

6-7 上書き保存

[上書き保存] を選択すると、すでに存在するファイルの内容（文書や画像などのデータ）を書き換えて、その変更した内容を有効にするために、「同じファイル名」で保存します。一度上書き保存すると、変更前のデータ内容に戻すことはできません。変更前の内容も残しておきたい場合は [名前を付けて保存] を選択し、別のファイル名を付けて保存します。

Point

すでに存在するファイルを保存する時の [名前を付けて保存] と [上書き保存] の違いを確認しましょう。

名前を付けて保存	変更前のファイルと「**違う名前で保存**」する。 → ファイルを別に作る。
上書き保存	変更前のファイルと「**同じ名前で保存**」する。 → ファイルの中身を置き換える。

操作 ブックを上書き保存しましょう。

① [ファイル] タブ → [上書き保存] をクリックします。または [クイックアクセスツールバー] の [上書き保存] のアイコン 🖫 をクリックします。
② [上書き保存] しましょう。
③ Excelを閉じましょう。

CHAPTER 06

演習問題 1 データを入力し、以下の問題を解答しましょう。
保存場所：任意　　ファイル名：お小遣い帳

完成例

	A	B	C	D	E
1					
2		9月のお小遣い帳			
3					
4		残高	5,700	円	
5		＜収入＞			
6		仕送り	150,000		
7		バイト	50,000		
8		収入計	200,000		
9		＜支出＞		支出比率	
10		家賃	69,000	36%	
11		食費	50,000	26%	
12		光熱費	5,000	3%	
13		携帯電話	10,500	5%	
14		交通費	9,800	5%	
15		お小遣い	45,000	23%	
16		雑費	5,000	3%	
17		支出計	194,300	－	
18					
19		合計残高	5,700		
20					

入力例

	A	B	C	D
1				
2		9月のおこづかいちょう		
3				
4		ざんだか		えん
5		＜しゅうにゅう＞		
6		しおくり	150000	
7		ばいと	50000	
8		しゅうにゅうけい		
9		＜ししゅつ＞		ししゅつひりつ
10		やちん	69000	
11		しょくひ	50000	
12		こうねつひ	5000	
13		けいたいでんわ	10500	
14		こうつうひ	9800	
15		おこづかい	45000	
16		ざっぴ	5000	
17		ししゅつけい		－
18				
19		ごうけいざんだか		

＜問題1＞数式を作りましょう。

① セルC8：仕送りとバイトの「合計」を求める関数
② セルC17：セルC10からセルC16までの「合計」を求める関数
③ セルC19：セルC8からセルC17を「引き算」する数式
④ セルD10からセルD16：支出計に対する支出項目の「割合」を求める数式
⑤ セルC4：セルC19を「参照する」式

＜問題2＞書式設定をしましょう。

① セルB2からセルD2：「セルを結合して中央揃え」
② セルB2：「フォントサイズ」14ポイント、「太字」
③ セルB4、セルD4、セルB19：「フォントサイズ」12ポイント、「太字」
④ 列幅：A列を「3」、B列を「16」、C列とD列を「10」
⑤ セルB4：「右揃え」
⑥ セルB19、セルD9、セルD17：「中央揃え」

＜問題3＞表示形式を設定しましょう。

① セルC4、セルC6からセルC8、セルC10からセルC17、セルC19：「桁区切りスタイル」
② セルD10からセルD16：「パーセントスタイル」

＜問題4＞罫線を引きましょう。

① セルB6からセルC8、セルB10からセルD17、セルB19からセルC19：「格子」

＜問題5＞名前を付けて保存しましょう。

CHAPTER 06

演習問題 2 データを入力し、以下の問題を解答しましょう。
保存場所：任意　　ファイル名：抹茶のお菓子

完成例

	A	B	C	D	E	F	G	H	I	J
1		観光客に人気の抹茶のお菓子								
2										
3		商品名	単価	7月	8月	9月	合計個数	売上金額	構成比	
4		BitBat	¥150	1,100	1,350	1,200	3,650	¥547,500	28.9%	
5		Rooksチョコレート	¥120	950	1,200	800	2,950	¥354,000	18.7%	
6		Poccky	¥180	900	1,000	700	2,600	¥468,000	24.7%	
7		Melky	¥100	320	500	440	1,260	¥126,000	6.6%	
8		ミルフォート	¥120	500	600	700	1,800	¥216,000	11.4%	
9		りんごの種	¥130	480	500	450	1,430	¥185,900	9.8%	
10		総合計		-			13,690	¥1,897,400	-	
11										

入力例

セルD3のデータをセルF3までオートフィルで入力します。

	A	B	C	D	E	F	G	H	I
1		かんこうきゃくににんきのまっちゃのおかし							
2									
3		しょうひんめい	たんか	7がつ			ごうけいこすう	うりあげきんがく	こうせいひ
4		BitBat	150	1100	1350	1200			
5		Rooksちょこれーと	120	950	1200	800			
6		Poccky	180	900	1000	700			
7		Melky	100	320	500	440			
8		みるふぉーと	120	500	600	700			
9		りんごのたね	130	480	500	450			
10		そうごうけい		-					-

＜問題１＞数式を作りましょう。

① セルG4からセルG9：7月から9月までの「合計」を求める関数
② セルH4からセルH9：7月から9月までの「売上金額」を求める数式
③ セルG10からセルH10：「合計個数」と「売上金額」の「総合計」を求める関数
④ セルI4からセルI9：H列の「売上金額」に対する「構成比」を求める数式

＜問題２＞書式設定をしましょう。

① セルB1からセルI1、セルB10からセルC10、セルD10からセルF10：「セルを結合して中央揃え」
② セルB3からセルI3、セルI10：「中央揃え」
③ A列：列幅3　　B列：自動列幅調整
④ セルB1：フォントサイズ14ポイント

＜問題３＞数値データに表示形式を設定しましょう。

① セルC4からセルC9、セルH4からセルH10：「通貨スタイル」
② セルD4からセルG9、セルG10：「桁区切りスタイル」
③ セルI4からセルI9：「小数第1位のパーセントスタイル」

＜問題４＞罫線を引きましょう。

① セルB3からセルI10：「格子」、外枠を「太い外枠」
② セルB3からセルI3、セルB9からセルI9：「下二重罫線」

＜問題５＞名前を付けて保存しましょう。

CHAPTER 06

演習問題 3 データを入力し、以下の問題を解答しましょう。
保存場所：任意　　ファイル名：チーム別出勤簿

完成例

	A	B	C	D	E	F	G	H	I	J	K
1					*チーム別出勤簿*						
2											
3		チーム名	月	火	水	木	金	合計時間	平均時間	出勤日数	
4		A	4.0		6.0		6.0	16.0	5.3	3	
5		B	6.5	4.0		6.5	4.0	21.0	5.3	4	
6		C		6.5		6.5	4.0	17.0	5.7	3	
7		D	5.0	5.0		6.5	4.0	20.5	5.1	4	
8		E	6.5	4.0	4.0	4.0	4.0	22.5	4.5	5	
9											

入力例

セルC3のデータをセルG3までオートフィルで入力します。

	A	B	C	D	E	F	G	H	I	J
1		ちーむべつしゅっきんぼ								
2										
3		ちーむめい	げつ					ごうけいじかん	へいきんじかん	しゅっきんにっすう
4		A	4		6		6			
5		B	6.5	4		6.5	4			
6		C		6.5		6.5	4			
7		D	5	5		6.5	4			
8		E	6.5	4	4	4	4			

＜問題1＞数式を作りましょう。

① セルH4からセルH8：月から金までの「合計」を求める関数
② セルI4からセルI8：月から金までの「平均」を求める関数
③ セルJ4：セルJ8：月から金までの出勤した「回数」を求める関数

＜問題2＞書式設定をしましょう。

① セルB1からセルJ1：「セルを結合して中央揃え」、「フォントサイズ」12ポイント、[斜体]
② セルB3からセルJ3：「中央揃え」、任意の「塗りつぶしの色」
③ セルB4からセルB8：「中央揃え」
④ 列幅：A列を「2.5」、C列からG列までを「5.0」

＜問題3＞数値データに表示形式を設定しましょう。

① セルC4からセルI8：「小数第1位」の表示スタイル

＜問題4＞罫線を引きましょう。

① セルB3からセルJ8：「格子」、外枠を「太い外枠」
② セルB3からセルJ3：「下二重罫線」

＜問題5＞名前を付けて保存しましょう。

CHAPTER 06

演習問題 4　データを入力し、以下の問題を解答しましょう。
保存場所：任意　　ファイル名：カラオケ大会

完成例

	A	B	C	D	E	F	G	H
1			サークル対抗カラオケ大会					
2								
3		サークル名	1次予選	2次予選	3次予選	合計	順位	
4		茶道	77	84	88	249	7	
5		生け花	90	86	85	261	2	
6		サッカー	81	90	89	260	4	
7		野球	87	91	88	266	1	
8		バレーボール	85	90	84	259	5	
9		バスケットボール	82	89	90	261	2	
10		ヨット	81	95	78	254	6	
11		柔道	80	75	79	234	8	
12		最高点	90	95	90			
13								

入力例

C3のデータをセルE3までオートフィルで入力します。

	A	B	C	D	E	F	G
1		さーくるたいこうからおけたいかい					
2							
3		さーくるめい	1じよせん			ごうけい	じゅんい
4		さどう	77	84	88		
5		いけばな	90	86	85		
6		さっかー	81	90	89		
7		やきゅう	87	91	88		
8		ばれーぼーる	85	90	84		
9		ばすけっとぼーる	82	89	90		
10		よっと	81	95	78		
11		じゅうどう	80	75	79		
12		さいこうてん					

<問題1＞数式を作りましょう。

① セルF4からセルF11：1次予選から3次予選までの「合計」を求める関数
② セルC12からセルE12：1次予選から3次予選までのそれぞれの「最高点」を求める関数
③ セルG4からセルG11：「合計」の点数の大きい順に「順位」を求める関数

<問題2＞書式を設定しましょう。

① セルB1からセルG1：「セルを結合して中央揃え」、「フォントサイズ」14ポイント、「下線」
② セルB3からセルG3、セルB12：「中央揃え」
③ 列幅：A列を「2.5」、B列を「15」

<問題3＞罫線を引きましょう。

① セルB3からセルG12：「格子」、外枠を「太い外枠」
② セルB3からセルG3、B11からG11：「下二重罫線」

<問題4＞「名前を付けて保存」しましょう。

CHAPTER 07

第7章 グラフの作成

第7章では、グラフの作り方について学習します。Excelのグラフは、入力された数字だけでは理解しにくいデータの変化や割合などを、見てわかるような形にするために使われます。Excelでは、たくさんの種類のグラフを簡単に作成することができます。

この章で学ぶこと
この章では以下の項目を学習します。
理解できたらチェックをつけましょう。

7-1	棒グラフの作成 ☐	7-4	折れ線グラフの作成 ☐
7-2	グラフサイズの変更と移動 ☐	7-5	円グラフの作成 ☐
7-3	グラフの編集	7-6	グラフのレイアウト ☐
7-3-1	グラフの種類の変更 ☐	7-7	印刷
7-3-2	グラフの要素の書式設定 ☐	7-7-1	シート全体の印刷 ☐
		7-7-2	グラフのみの印刷 ☐

グラフは、表現したい目的に合わせて種類を選択する必要があります。代表的なグラフの種類と用途は以下のとおりです。用途は「使い道」という意味です。

グラフの種類と用途

リボン上のボタン	種類	用途
📊	棒グラフ	数値の大小を比較する場合に使用する。
📈	折れ線/面グラフ	時間の経過で数値がどのように変化するかをみる場合に使用する。

次ページへ続く➡

CHAPTER 07

リボン上のボタン	種類	用途
●	円グラフ ドーナツグラフ	円グラフは全体の構成の割合を見る場合に、ドーナツグラフは複数項目の構成の割合をみる場合に使用する。
☆	レーダーチャート	各項目のバランスを見る場合に使用する。
⋰	散布図	2つの系列の相関をみる場合に使用する。

完成例

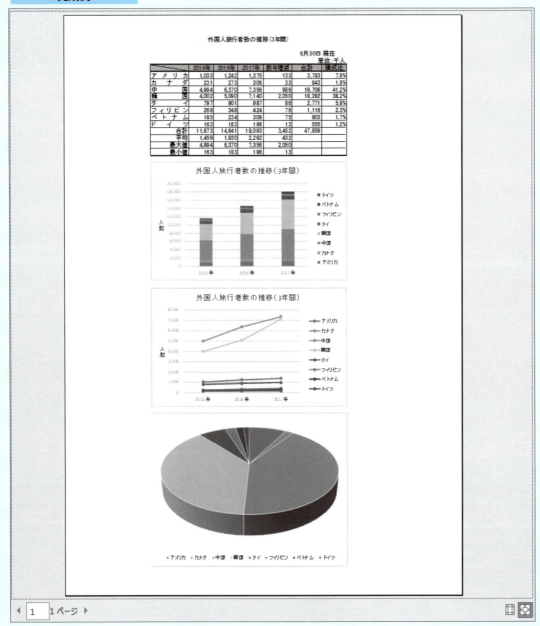

7-1 棒グラフの作成

「外国人旅行者」のブックを開きましょう。

操作 2015年から2017年の旅行者数を比較する棒グラフを作成しましょう。

① グラフの作成範囲セルA5からセルD11を範囲選択します。
② [挿入] タブ → [グラフ] グループ → [縦棒/横棒グラフの挿入] ボタンをクリックします。
③ [集合縦棒] をクリックします。

④ 「集合縦棒グラフ」が挿入されました。

⑤ グラフが作成されると[グラフツール]の[デザイン]タブと[書式]タブが画面上に表示されます。

Point [グラフツール]の[デザイン]タブ

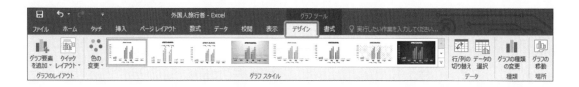

Point [グラフツール]の[書式]タブ

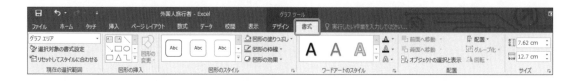

Point グラフの削除

作成したグラフを削除する場合は、グラフをクリックし、Deleteキーを押します。

Point グラフの要素

グラフはさまざまな要素で構成されています。要素は作成したグラフの種類によって異なります。

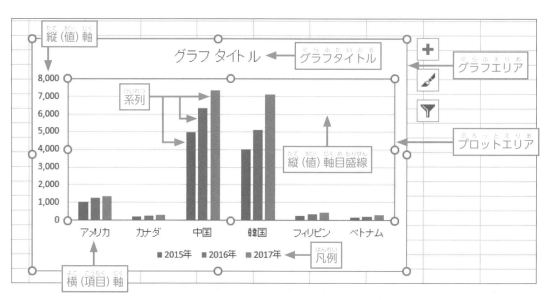

7-2 グラフサイズの変更と移動

操作 グラフを表の下に移動し、グラフのサイズを変更しましょう。

① グラフを選択すると「グラフエリア」と表示されます。マウスポインタの形が ✥ に変わります。

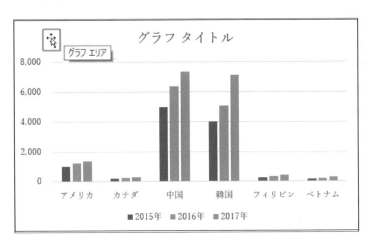

② グラフエリアの左上がセルA18のところまでドラッグします。
③ グラフが移動しました。

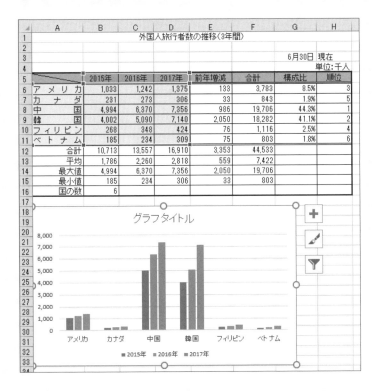

④ グラフエリアの右下にあるハンドル ○ にマウスポインタを合わせます。マウスポインタの形が ↖ に変わります。

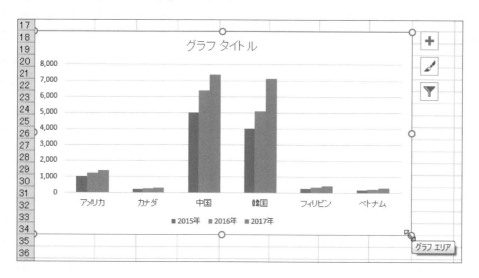

⑤ H34の位置までドラッグしてグラフサイズを大きくしましょう。

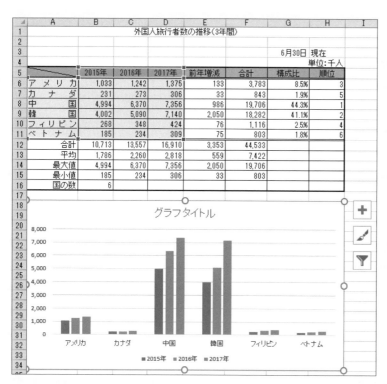

⑥ グラフが作成されると、グラフの右側にボタンが表示されます。

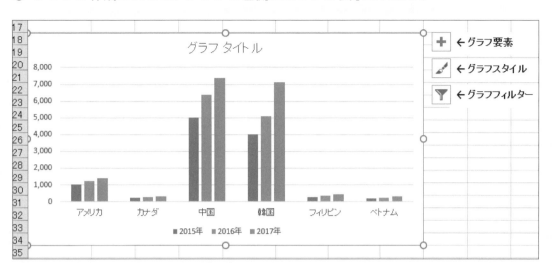

それぞれのボタンの役割は以下のとおりです。

ボタンの名称と役割

ボタン	ボタンの名称	役割
＋	グラフ要素	タイトル、凡例、グリッド線、データラベルなどのグラフの要素を追加、削除、または変更する。
🖌	グラフスタイル	グラフのスタイルと配色を設定する。
▼	グラフフィルター	グラフにどのデータ要素と名前を表示するかを編集する。

7-3 グラフの編集

作成したグラフは、グラフの種類や形式を変更することができます。

7-3-1 種類の変更

操作　「集合縦棒」グラフの行列を切り替えた積み上げ縦棒グラフに変更しましょう。

① グラフを選択します。[グラフ] ツールの [デザイン] タブ → [種類] グループ → [グラフの種類の変更] ボタンをクリックします。

② [グラフの種類の変更] ダイアログボックスが開きます。
③ [すべてのグラフ] タブ → [積み上げ縦棒] をクリックし、右側のグラフをポイントしてクリックします。
④ [OK] をクリックします。

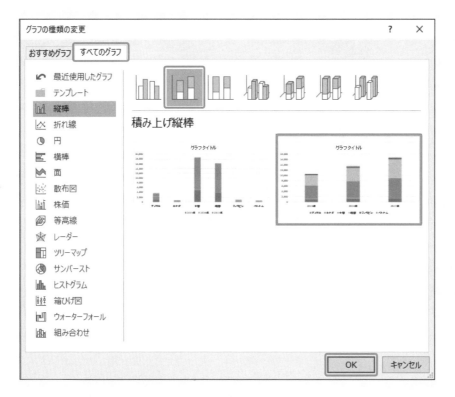

⑤ グラフが変更されました。

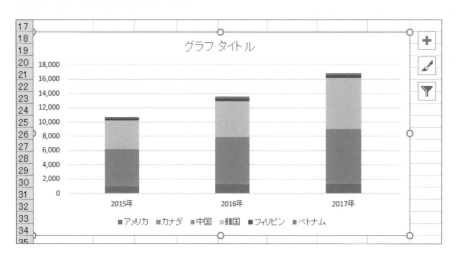

Point グラフの行列の切り替え

行列の切り替えは、[グラフツール]→[デザイン]タブ→[データ]グループ→[行/列の切り替え]ボタンでも設定できます。

7-3-2 グラフ要素の書式設定

作成したグラフにはグラフのタイトルなどの要素の領域は表示されていますが、軸ラベルなどは表示されていません。表示されていない要素をグラフに追加する方法を学習しましょう。

操作 グラフにタイトルを入力しましょう。

① グラフを選択します。「グラフタイトル」の領域をクリックします。
② 「グラフタイトル」が選択されます。

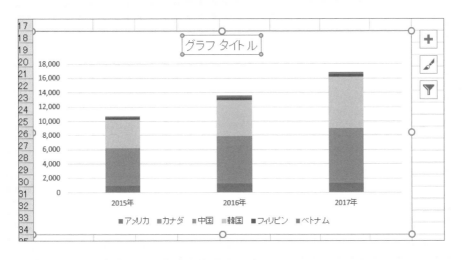

③ 選択された「グラフタイトル」の領域の上でもう一度クリックすると、領域内にカーソルが表示されます。

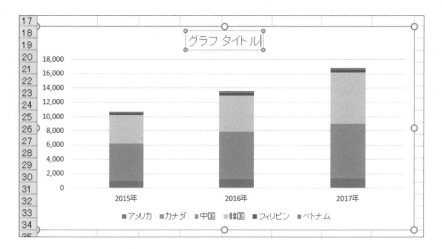

④ 「グラフタイトル」の文字を消し、「外国人旅行者数の推移（3年間）」と入力します。

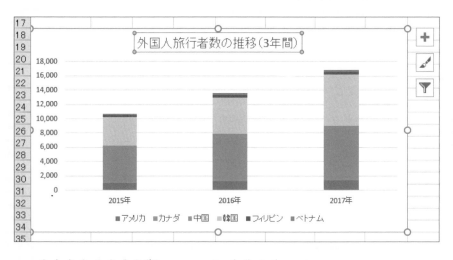

⑤ グラフタイトル以外のところをクリックします。

操作 軸ラベルを追加しましょう。

⑥ ［グラフ］ツールの［デザイン］タブ →［グラフのレイアウト］グループ →［グラフ要素を追加］ボタンをクリックします。

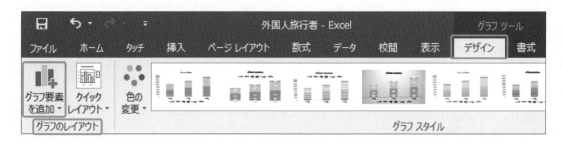

⑦ [軸ラベル] → [第1縦軸] をクリックします。

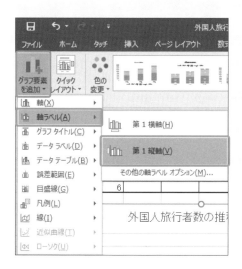

⑧ 軸ラベルが表示されました。

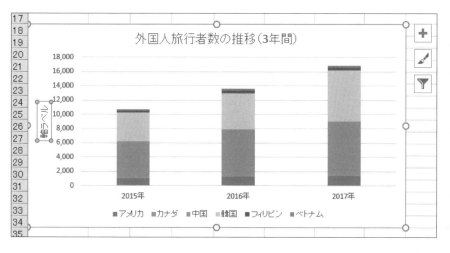

⑨ 「軸ラベル」をクリックし、「軸ラベル」の文字を消します。新たに「人数」と入力しましょう。

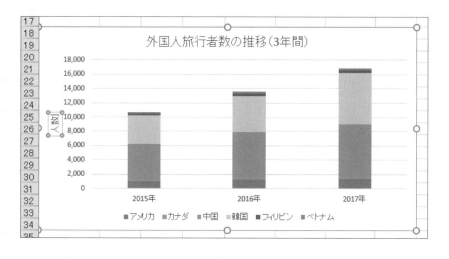

操作 軸ラベルを縦書きに変更しましょう。

⑩ 軸ラベルを選択した状態で［グラフ］ツールの［書式］タブ →［現在の選択範囲］グループ →［選択対象の書式設定］ボタンをクリックします。

⑪ 画面右側に、［軸ラベルの書式設定］作業ウィンドウが表示されます。

⑫ ［文字のオプション］→［テキストボックス］→［文字列の方向］→［縦書き］をクリックします。

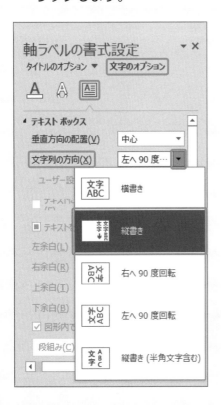

⑬ 軸ラベルが縦書きに変更されました。

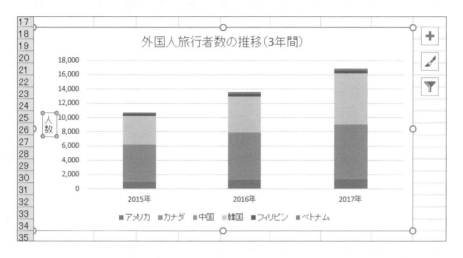

操作 凡例の位置を右に変更しましょう。

① [グラフ]ツールの[書式]タブ →[現在の選択範囲]グループ →[グラフ要素]右側の▼ボタンをクリックし、[凡例]をクリックします。
② [凡例]が選択されます。

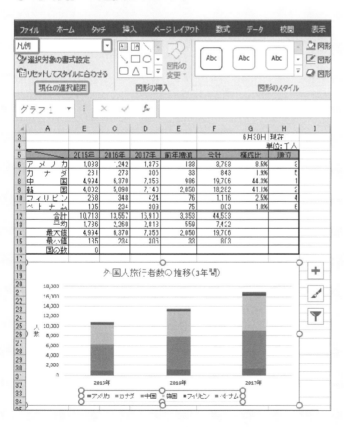

③ [グラフ] ツールの [書式] タブ → [現在の選択範囲] グループ → [選択対象の書式設定] をクリックします。右側に [凡例の書式設定作業] ウィンドウが開きます。

④ [右] をクリックします。

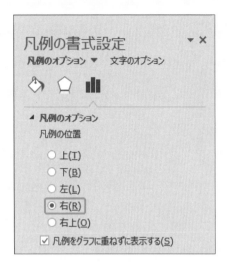

⑤ 凡例がグラフエリアの右に配置されました。

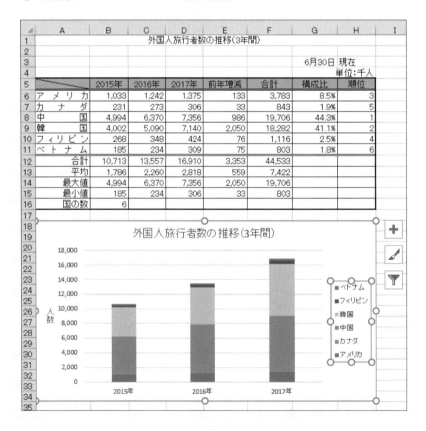

⑥ 右上の閉じるボタンをクリックして、作業ウィンドウを閉じましょう。

⑦ グラフエリアの外をクリックしましょう。

7-4 折れ線グラフの作成

操作 2015年から2017年の旅行者数の変化を見る折れ線グラフを作成しましょう。

① グラフの作成範囲セルA5からセルD11を範囲選択します。
② ［挿入］タブ → ［グラフ］グループ → ［折れ線/面グラフの挿入］ボタンをクリックします。
③ ［マーカー付き折れ線］をクリックします。

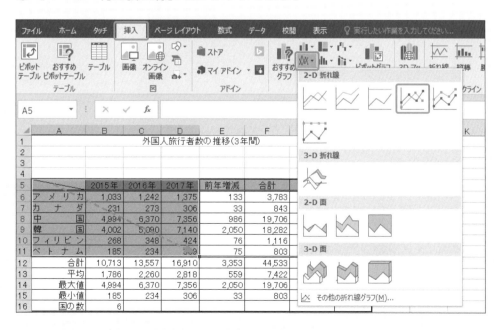

④ マーカー付き折れ線グラフが挿入されました。

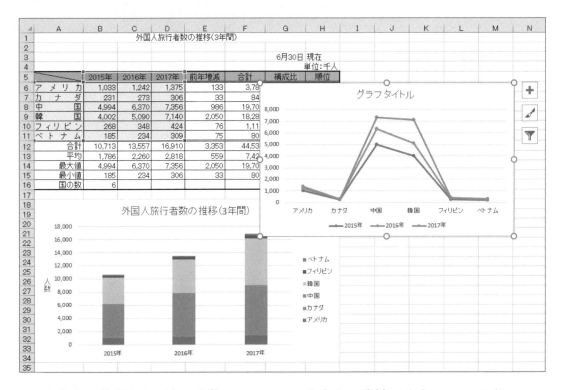

⑤ グラフを棒グラフの下に移動しましょう。グラフの左上がセルA36の位置のところまでドラッグします。
⑥ グラフの右下がセルG52の位置までドラッグしてグラフのサイズを変更しましょう。

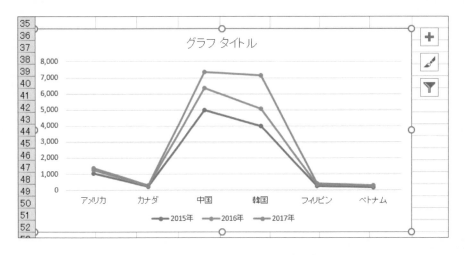

|操作| 折れ線グラフの各項目を変更しましょう。

① 「グラフタイトル」の文字を消し、「外国人旅行者数の推移（3年間）」と入力しましょう。

② [グラフツール]の[デザイン]タブの[行/列の切り替え]をクリックします。
③ [軸ラベル]→[第1縦軸]を挿入し、「人数」と入力しましょう。
④ 「縦(値)軸ラベル」の文字の方向を縦書きに変更しましょう。
⑤ 「凡例」の位置を右に変更しましょう。

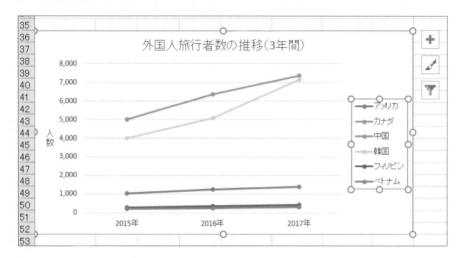

⑥ グラフエリア以外のところをクリックしましょう。

7-5 円グラフの作成

操作 3年間の旅行者数の総合計に対する3年間の各国の合計の割合をみる円グラフを作成しましょう。

① グラフの作成範囲セルA5からセルA11をドラッグします。
② 次に、マウスポインタをセルG5の上に合わせ、Ctrlキーを押したまま、セルG5からセルG11までドラッグします。

	A	B	C	D	E	F	G	H
1	外国人旅行者数の推移(3年間)							
2								
3							6月30日	現在
4								単位:千人
5		2015年	2016年	2017年	前年増減	合計	構成比	順位
6	アメリカ	1,033	1,242	1,375	133	3,783	8.5%	3
7	カナダ	231	273	306	33	843	1.9%	5
8	中国	4,994	6,370	7,356	986	19,706	44.3%	1
9	韓国	4,002	5,090	7,140	2,050	18,282	41.1%	2
10	フィリピン	268	348	424	76	1,116	2.5%	4
11	ベトナム	185	234	309	75	803	1.8%	6
12	合計	10,713	13,557	16,910	3,353	44,533		
13	平均	1,786	2,260	2,818	559	7,422		
14	最大値	4,994	6,370	7,356	2,050	19,706		
15	最小値	185	234	306	33	803		
16	国の数	6						

③ [挿入] タブ → [グラフ] グループ → [円またはドーナツグラフの挿入] ボタンをクリックします。
④ [3-D円] をクリックします。

⑤ 3-D円グラフが挿入されました。

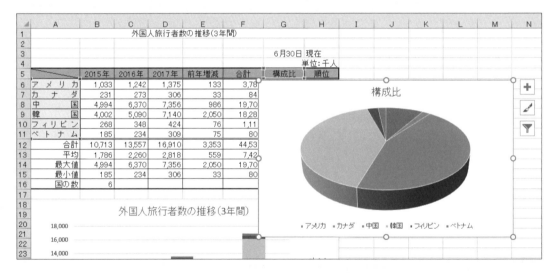

⑥ グラフを折れ線グラフの下に移動しましょう。グラフの左上がセルA54の位置のところまでドラッグします。

Point　ズームの調整

画面の「ズーム」を下げると、ワークシート全体が表示されるので操作がしやすくなります。

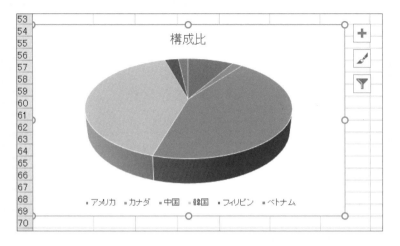

⑦ 「グラフタイトル」をクリックし、Deleteキーを押して「グラフタイトル」を削除しましょう。

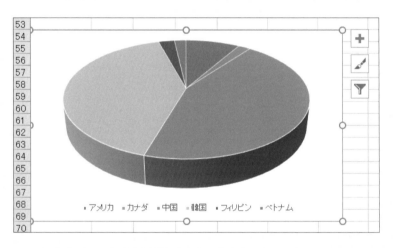

⑧ グラフタイトルが削除されました。

7-6 グラフのレイアウト

グラフを作成した後、そのグラフの種類に応じたさまざまなレイアウトを設定することができます。各レイアウトはグラフ要素の組み合わせや配置などが異なります。

操作 円グラフに［クイックレイアウト］を設定し、パーセンテージを表示しましょう。

① [グラフ] ツールの [デザイン] タブ → [グラフのレイアウト] グループ → [クイックレイアウト] ボタンをクリックします。

② [レイアウト4] をクリックします。

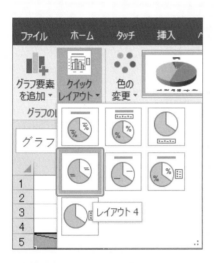

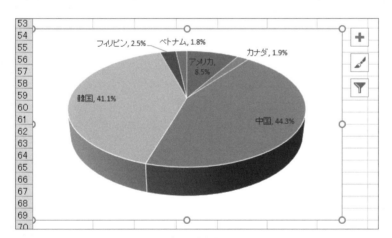

④ グラフエリア以外の場所をクリックします。アクティブセルをA1に戻しておきましょう。
⑤ A1のフォントサイズを14ポイントに変更しましょう。
⑥ 上書き保存しましょう。

7-7 印刷

印刷には、シート全体の印刷、ブック全体の印刷、またグラフのみの印刷などの種類があります。

7-7-1 シート全体の印刷

操作 完成した表とグラフを1枚の用紙に印刷しましょう。

① アクティブセルがA1であることを確認します。
② ［ファイル］タブ → ［印刷］をクリックします。

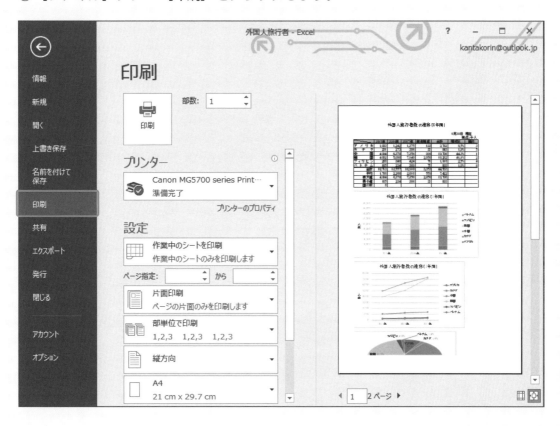

③ 右側に現在のシートの状態がプレビューされますが、円グラフの下の部分が途中で切れています。画面中央の下にあるボタンのところで2枚目に入っているのが確認できます。

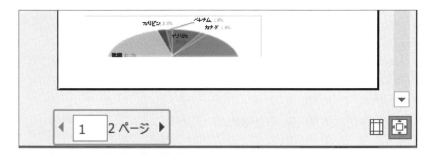

④ 円グラフが1枚目の用紙に入るように設定を変更します。
⑤ [印刷]の一番下にある[ページ設定]をクリックします。

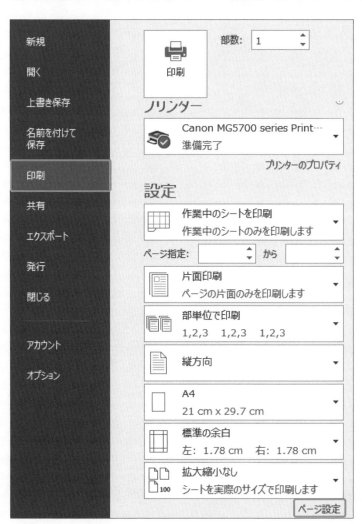

⑥ [ページ設定] のダイアログボックスが開きます。

⑦ [余白] タブをクリックします。
⑧ [上]、[下] をそれぞれ [0.9]（右側の▼ボタンを2回クリック）に変更します。
⑨ [ページ中央] の [水平]、[垂直] のチェックボックスをクリックしてONにします。

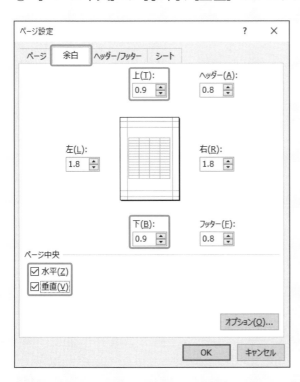

⑩ [ページ] タブをクリックします。
⑪ [拡大縮小印刷] の [次のページ数に合わせて印刷] をクリックします。

⑫ [OK] をクリックします。

Point プレビュー画面の拡大

画面右下の 🔳 ボタンをクリックすると、シートの拡大表示ができます。文字データや数値データが全て表示されているか確認できます。
もう一度 🔳 ボタンをクリックすると、元のシートの大きさに戻ります。

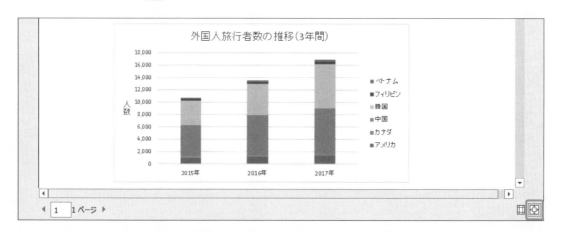

⑬ 表と3つのグラフが1枚の用紙に納まりました。

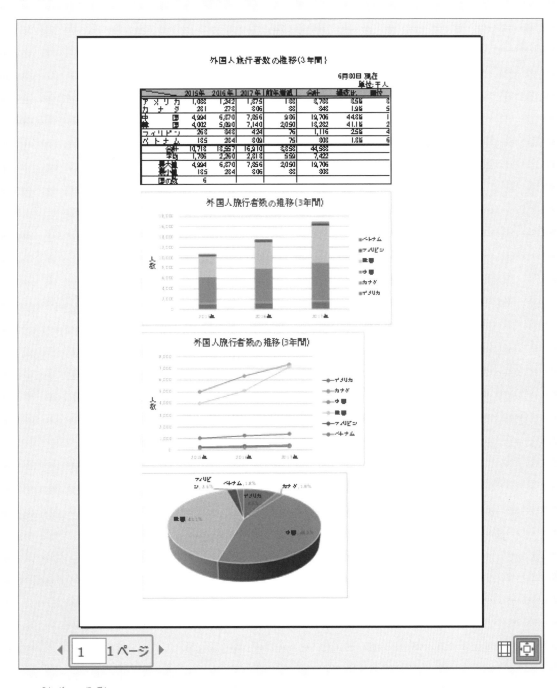

⑭ 上書き保存しましょう。

7-7-2 グラフのみの印刷

操作 棒グラフのみを印刷する設定に変更しましょう。

① 棒グラフをクリックします。
② [ファイル] タブ → [印刷] をクリックします。

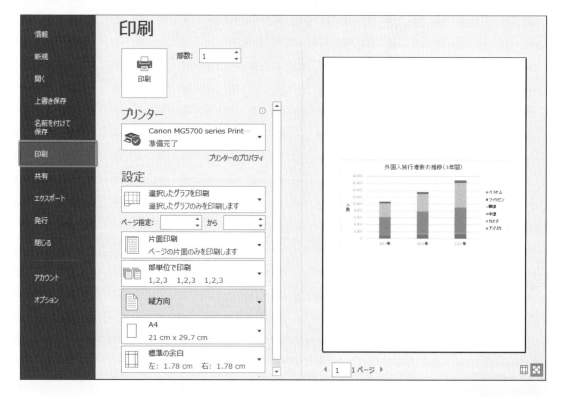

③ 棒グラフのみがプレビューされました。
④ 確認できたら、[閉じる] をクリックしてブックを閉じましょう。
⑤ Excelが閉じます。

演習問題 1 「抹茶のお菓子」のブックを開き、
以下の問題を解答しましょう。
上書き保存しましょう。

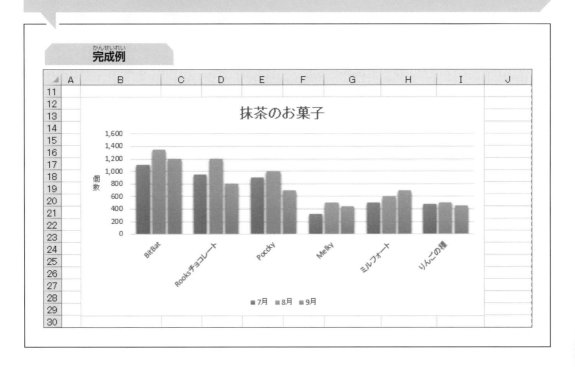

完成例

<問題1>集合縦棒グラフを作成しましょう。

① グラフ範囲:セルB3からセルB9、セルD3からセルF9
② グラフの種類:[集合縦棒]
③ グラフ作成位置:セルB12からセルI29の範囲
④ グラフのスタイル:[スタイル14]
⑤ グラフ要素の追加:[軸ラベル] → [第1縦軸]、入力文字は「個数」、[文字のオプション] → [テキストボックス] → [文字列の方向] を [縦書き]

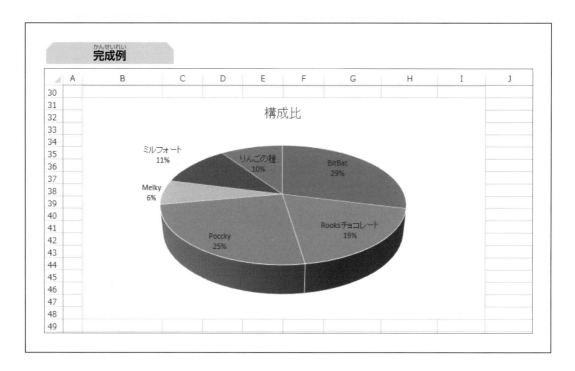

＜問題２＞3-D円グラフを作成しましょう。

① グラフ範囲：セルB3からセルB9、セルI3からセルI9
② グラフの種類：[3-D円]
③ グラフ作成位置：セルB31からセルI48範囲
④ クイックレイアウト：[レイアウト1]

＜問題３＞上書き保存しましょう。

CHAPTER 08

第8章 関数の活用

第8章では、IF関数、AND関数、OR関数、VLOOKUP関数、TODAY関数、DATEDIF関数について学習します。

この章で学ぶこと　この章では以下の項目を学習します。
理解できたらチェックをつけましょう。

8-1	IF関数	☐	8-3-2	検索値の近似値	☐
8-2	関数のネスト		8-4	TODAY関数	☐
8-2-1	IF関数＋AND関数	☐	8-5	DATEDIF関数	☐
8-2-2	IF関数＋OR関数	☐	8-6	シート操作	
8-2-3	IF関数＋IF関数	☐	8-6-1	シート名の変更	☐
8-3	VLOOKUP関数		8-6-2	シート見出しの色の設定	☐
8-3-1	検索値と完全に一致	☐			

CHAPTER 08

完成例

	A	B	C	D	E	F	G
1			就職活動対策講座結果表				
2							
3	学籍番号	筆記	面接	合計	判定1	判定2	評価
4	A1000	85	70	155	×		B
5	A1001	70	80	150	×		B
6	A1002	80	85	165	○	○	A
7	A1003	90	90	180	○	○	A
8	A1004	70	75	145	×		C
9	A1005	75	85	160	○		A

8-1 IF関数

　IF関数とは、設定した条件にしたがって値を変化させる関数です。「IF」は「もし〜ならば」という意味ですが、関数で使う場合には、「ある条件が成立するときは○、成立しないときは×」というように、指定した条件に合うか合わないかで処理を変更したいときに使用します。

　IF関数では、処理の条件式の中で比較演算子を使用します。比較演算子とは、2つの値を比較することが目的の演算子です。

　比較演算子には、以下のような種類があります。

比較演算子

比較演算子	使用例	意味
＝	A＝B	AとBは等しい
＞	A＞B	AはBより大きい
＜	A＜B	AはBより小さい
＞＝	A＞＝B	AはB以上
＜＝	A＜＝B	AはB以下
＜＞	A＜＞B	AはBと等しくない

IF関数

> **書式**　＝IF（論理式，真の場合，偽の場合）

Excelを起動して、新規作成画面を表示しましょう。

操作 「就職活動対策結果表」を作成しましょう。

① 入力例を参考にデータの入力をしましょう。

入力例

	A	B	C	D	E	F	G
1	しゅうしょくかつどうたいさくこうざけっかひょう						
2							
3	がくせきばんごう	ひっき	めんせつ	ごうけい	はんてい1	はんてい2	ひょうか

	A	B	C	D	E	F	G
1	就職活動対策講座結果表						
2							
3	学籍番号	筆記	面接	合計	判定1	判定2	評価
4	A1000	75	85				
5	A1001	70	80				
6	A1002	80	85				
7	A1003	90	90				
8	A1004	70	75				
9	A1005	85	70				

② 名前を付けて保存しましょう。
  保存場所:任意の場所
  ファイル名:就職活動対策結果表
③ セルA1の[フォントサイズ]を12ポイント、[太字]の設定をしましょう。
④ セルA1からセルG1に[セルを結合して中央揃え]の設定をしましょう。
⑤ セルA3からセルG3に[中央揃え]の設定をしましょう。
⑥ セルD4からセルD9に[合計]を求めましょう。

操作 「判定1」を求めましょう。日本語入力システムをOFFに切り替えましょう。

D列の合計が160以上ならば「○」、そうでなければ「×」を表示するIF関数を作ります。

① セルE4をクリックします。

② [数式] タブ → [関数ライブラリ] グループ → [論理] ボタンをクリックし、[IF] をクリックします。

⑧ IF関数の [関数の引数] ダイアログボックスが表示されます。

⑨ [論理式]の入力ボックスに、「合計」が160以上という条件を入力します。

⑩ [真の場合]の入力ボックスに、日本語入力システムをONに切り替えて、「○」と入力します。

⑪ [偽の場合] のボックスをクリックしてカーソルを移動すると、[真の場合] の入力ボックスの「○」の文字列の両側に自動的に「"」が入力されます。

⑫ [偽の場合] の入力ボックスに、「×」と入力し、[OK] をクリックします。

⑬ セルE4に「○」と表示されました。セルE9までコピーしましょう。

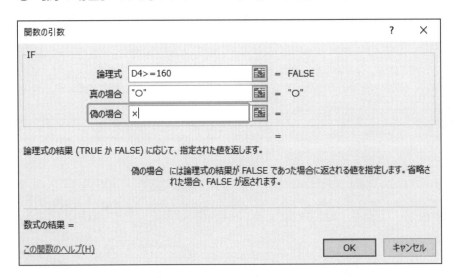

8-2 AND関数、OR関数

IF関数では、複数条件（2つ以上の条件）を組み合わせることも可能です。その場合、「かつ（AND関数）」と「または（OR関数）」を組み合わせて使用します。このように、関数の中にさらに関数を挿入して数式を作ることを「ネスト」といいます。

8-2-1 関数のネスト（AND関数）

> **書式** =AND（論理式1, 論理式2, …）

操作 「判定2」を求めましょう。日本語入力システムをOFFに切り替えましょう。B列の「筆記」とC列の「面接」の両方とも80以上ならば「○」、そうでなければ空欄（何も表示しない状態）を表示するIF関数を作ります。

① セルF4をクリックします。
② ［数式］タブ →［関数ライブラリ］グループ →［論理］ボタンをクリックし、［IF］をクリックします。
③ IF関数の［関数の引数］ダイアログボックスが表示されます。
④ ［論理式］の入力ボックスに、AND関数を挿入します。［名前ボックス］右側の▼ボタンをクリックし、［その他の関数］をクリックします。
※ 一覧の中にAND関数が表示されている場合は［AND］をクリックします。

筆記	面接	合計	判定1	判定2	評価
75	85	160	○	=IF()	
70	80	150	×		
80	85	165	○		
90	90	180	○		
70	75	145	×		
85	70	155	×		

就職活動対策講座結果表

名前ボックス一覧：IF / RANK.EQ / TODAY / VLOOKUP / OR / AND / SUM / COUNTA / SMALL / LARGE / その他の関...

⑤ [関数の挿入] ダイアログボックスが表示されます。[関数の分類] ボックスに [論理]、[関数名] に [AND] が選択されていることを確認します。[OK] をクリックします。

⑥ IF関数のダイアログボックスが、AND関数のダイアログボックスに変わります。

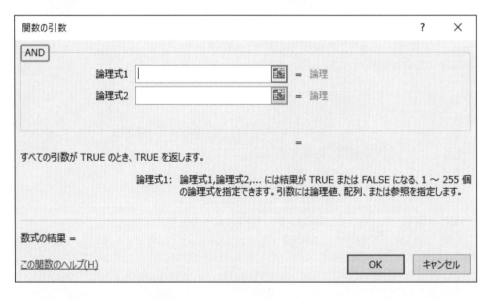

⑦ 数式バーでは、IF関数にAND関数が挿入されたことが確認できます。

⑧ [論理式1] の入力ボックスに、「筆記」が80以上という条件を入力します。
⑨ Tabキーを押すか [論理式2] の入力ボックスをクリックします。「面接」が80以上という条件を入力します。

```
関数の引数                                    ?    ×
AND
    論理式1  B4>=80              = FALSE
    論理式2  C4>=80              = TRUE
    論理式3                      = 論理
                                = FALSE
すべての引数が TRUE のとき、TRUE を返します。
        論理式2: 論理式1,論理式2,... には結果が TRUE または FALSE になる、1 ～ 255 個
               の論理式を指定できます。引数には論理値、配列、または参照を指定します。

数式の結果 =
この関数のヘルプ(H)                         OK      キャンセル
```

⑩ 条件の入力が終わったので、IF関数に戻ります。数式バーの「IF」の文字の部分をクリックします。

```
F4        ×  ✓  fx  =IF(AND(B4>=80,C4>=80))
```

⑪ AND関数のダイアログボックスがIF関数のダイアログボックスに戻ります。[論理式] の入力ボックスに、AND関数の数式が入力されています。

```
関数の引数                                    ?    ×
IF
    論理式   AND(B4>=80,C4>=80)    = FALSE
    真の場合                        = すべて
    偽の場合                        = すべて
                                  =
論理式の結果 (TRUE か FALSE) に応じて、指定された値を返します。
        論理式 には結果が TRUE または FALSE になる値、もしくは数式を指定します。

数式の結果 =
この関数のヘルプ(H)                         OK      キャンセル
```

⑫ [真の場合] 入力ボックスに、日本語入力システムをONに切り替え、「○」と入力します。
⑬ [偽の場合] のボックスをクリックしてカーソルを移動すると、[真の場合] の入力ボックスの「○」の文字列の両側に自動的に「"」が入力されます。
⑭ [偽の場合]] 入力ボックスに、日本語入力システムをOFFに切り替え、Shiftキーを押したまま文字キーの「2」を2回入力します。「""」と入力されます。
⑮ [OK] をクリックします。

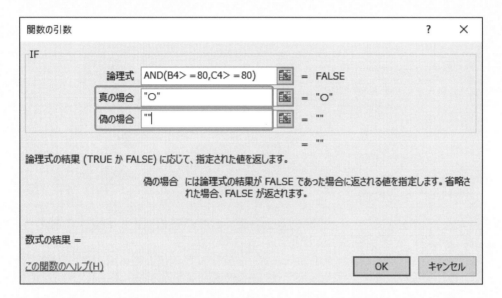

⑯ セルF4のIF関数をセルF9までコピーします。

Point 「何も表示しない」の表示方法

「何も表示しない」、「空欄」の表示方法は、半角の「"」を2回連続で入力します。

8-2-2　IF関数＋OR関数

書式　=OR（論理式1, 論理式2, …）

「判定2」で、B列の「筆記」とC列の「面接」のどちらかが80以上ならば「○」、そうでなければ空欄（何も表示しない状態）を表示するIF関数は以下のようになります。

```
関数の引数                                    ?    ×
IF
    論理式     OR(B4>=80,C4>=80)      = TRUE
    真の場合   "○"                     = "○"
    偽の場合   ""                      = ""
                                        = "○"
論理式の結果 (TRUE か FALSE) に応じて、指定された値を返します。
    論理式　には結果が TRUE または FALSE になる値、もしくは数式を指定します。

数式の結果 ＝ ○
この関数のヘルプ(H)                      OK      キャンセル
```

8-2-3　IF関数＋IF関数

設定した条件にしたがって変化させる値が3つ以上になる場合は、IF関数の中にさらにIF関数を挿入して作ります。

操作　「評価」を求めましょう。日本語入力システムをOFFに切り替えましょう。
G列の「評価」に、「合計」が160以上ならば「A」、150以上ならば「B」、それ以外は「C」を表示するIF関数を作ります。

① セルG4をクリックします。
② ［数式］タブ →［関数ライブラリ］グループ →［論理］ボタンをクリックし、[IF]をクリックします。
③ IF関数の［関数の引数］ダイアログボックスが表示されます。
② [IF]をクリックし、[OK]をクリックします。
③ ［論理式］入力ボックスに、「合計」が160以上という数式を入力します。
④ ［真の場合］ボックスに、「A」と入力します。

⑤ [偽の場合] ボックスをクリックして、カーソルがあることを確認します。

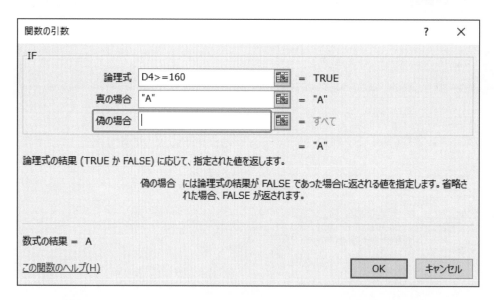

⑥ [名前ボックス] に「IF」と表示されています。そのまま [名前ボックス] をクリックして、[偽の場合] 入力ボックスに新たにIF関数を挿入します。

⑦ 新しい「IF関数」のダイアログボックスが表示されました。数式バーを確認しましょう。

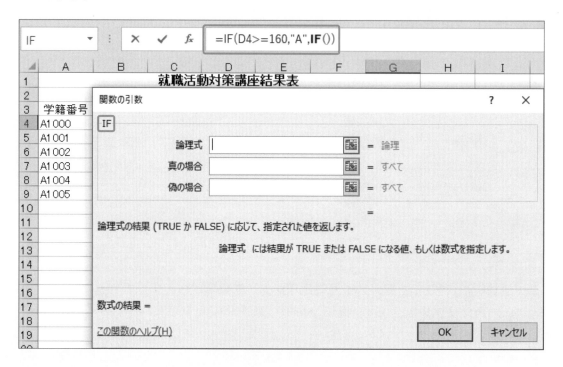

⑧ 次に、「判定」の「B」を選択する条件を入力します。[論理式] 入力ボックスに、「合計」が150以上という条件を入力します。

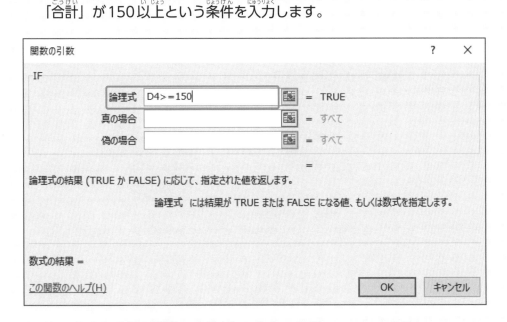

⑨ カーソルを [真の場合] 入力ボックスに移動し、「B」と入力します。
⑩ カーソルを [偽の場合] 入力ボックスに移動し、「C」と入力します。(「A」でも「B」でもないものは「C」になります)

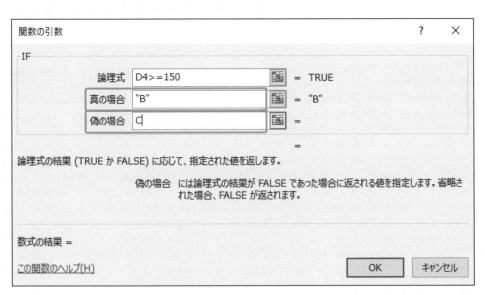

⑪ [OK] をクリックします。数式をセルG9までコピーします。

	A	B	C	D	E	F	G	H
				G4		fx	=IF(D4>=160,"A",IF(D4>=150,"B","C"))	
1				就職活動対策講座結果表				
2								
3	学籍番号	筆記	面接	合計	判定1	判定2	評価	
4	A1000	75	85	160	○		A	
5	A1001	70	80	150	×		B	
6	A1002	80	85	165	○	○	A	
7	A1003	90	90	180	○	○	A	
8	A1004	70	75	145	×		C	
9	A1005	85	70	155	×		B	
10								
11								

Point

2つ以上の関数をネストしている数式を修正する場合、次の手順を実行します。

① 該当するセルをクリックします。
② 関数の挿入ボタンをクリックします。

| × | ✓ | fx | =IF(D4>=160,"A",IF(D4>=150,"B","C")) |

③ 数式バーの「関数名」(アルファベットで表記されている部分) をクリックすると、その関数のダイアログボックスが表示され、修正することができます。

操作 セル内の文字の配置、罫線を引いて表を完成させましょう。

① セルE4からセルG9までに、[中央揃え] の設定をしましょう。
② セルG4からセルG9までに、[太字] の設定をしましょう。
③ セルA3からセルG3に、任意の色で [塗りつぶし] を設定しましょう。
④ 表全体を [格子] で罫線を引き、表の外枠を [太い外枠]、項目 (3行目) の下の罫線を [下二重罫線] に変更しましょう。
⑤ 上書き保存しましょう。
⑥ Excelを閉じましょう。

8-3 VLOOKUP関数

VLOOKUP関数は検索/行列関数といいます。検索してそれに対応するデータを取得する関数です。「VLOOKUP」の「V」は「Vertical（垂直）」という意味です。「LOOKUP」は「探す」という意味です。この関数は「垂直にデータを探す」関数です。

書式 =VLOOKUP（検索値，範囲，列番号，検索方法）

「範囲」から「検索値」を探すときの「検索方法」の指定方法です。

検索方法	入力	意味
完全一致	0（ゼロ）またはFALSE	［検索値］と完全に一致するものを［範囲］（一覧表）から探します。
近似値	0（ゼロ）以外またはTRUE、または省略（何も入力しない）	完全一致のデータが［範囲］（一覧表）にないとき、一番近い最大値のデータを探します。

完成例

ファイル名「剣道部名簿」

	A	B	C	D	E	F	G	H	I	J	K
1			剣道部名簿								
2											
3							<性別表>			<学部表>	
4	学籍番号	番号1	国名	番号2	学部名		番号1	国名		番号2	学部名
5	3001	1	ネパール	3	法学部		1	ネパール		1	経済部
6	3002	1	ネパール	3	法学部		2	ベトナム		2	商学部
7	2001	2	ベトナム	2	商学部		3	中国		3	法学部
8	1001	3	中国	1	経済部		4	韓国		4	文学部
9	5001	1	ネパール	5	工学部		5	モンゴル		5	工学部
10	4001	2	ベトナム	4	文学部						
11	4002	2	ベトナム	4	文学部						
12	4003	3	中国	4	文学部						
13	1002	5	モンゴル	1	経済部						
14	5002	4	韓国	5	工学部						
15	2002	2	ベトナム	2	商学部						

Excelを起動して、「空白のBook」を表示しましょう。

CHAPTER 08

操作

① 入力例を参考にデータの入力をしましょう。完成例を参考に列幅を変更しましょう。

入力例

A列～E列まで

	A	B	C	D	E
1	けんどうぶめいぼ				
2					
3					
4	がくせきばんごう	ばんごう1	くにめい	ばんごう2	がくぶめい
5	3001	1		3	
6	3002	1		3	
7	2001	2		2	
8	1001	3		1	
9	5001	1		5	
10	4001	2		4	
11	4002	2		4	
12	4003	3		4	
13	1002	5		1	
14	5002	4		5	
15	2002	2		2	

入力例

G列～K列まで

	G	H	I	J	K
1					
2					
3	＜くにべつひょう＞			＜がくぶひょう＞	
4	ばんごう1	くにめい		ばんごう2	がくぶめい
5	1	ねぱーる		1	けいざいぶ
6	2	べとなむ		2	しょうがくぶ
7	3	ちゅうごく		3	ほうがくぶ
8	4	かんこく		4	ぶんがくぶ
9	5	もんごる		5	こうがくぶ

	A	B	C	D	E	F	G	H	I	J	K
1			剣道部名簿								
2											
3							<国別表>			<学部表>	
4	学籍番号	番号1	国名	番号2	学部名		番号1	国名		番号2	学部名
5	3001	1		3			1	ネパール		1	経済部
6	3002	1		3			2	ベトナム		2	商学部
7	2001	2		2			3	中国		3	法学部
8	1001	3		1			4	韓国		4	文学部
9	5001	1		5			5	モンゴル		5	工学部
10	4001	2		4							
11	4002	2		4							
12	4003	3		4							
13	1002	5		1							
14	5002	4		5							
15	2002	2		2							

② 名前を付けて保存しましょう。
　保存場所:任意の場所　　ファイル名:剣道部名簿
③ セルA1のフォントサイズを16ポイント、[太字] の設定をしましょう。
④ セルA1からセルE1、セルG3からセルH3、セルJ3からセルK3に [セルを結合して中央揃え] の設定をしましょう。
⑤ セルA4からセルK4に [中央揃え] の設定をしましょう。
⑥ B列、D列、G列、J列の列幅を「6」、F列、I列の列幅を「4」に変更しましょう。
⑦ 上書き保存しましょう。

8-3-1 検索方法 「検索値と完全に一致する値だけを検索する」

操作　「番号1」から「国名」を検索しましょう。日本語入力システムをOFFに切り替えましょう。

① セルC5をクリックします。
② [数式] タブ → [関数ライブラリ] グループ → [検索/行列] ボタンをクリックし、[VLOOKUP] をクリックします。

③「VLOOKUP関数」のダイアログボックスが表示されます。

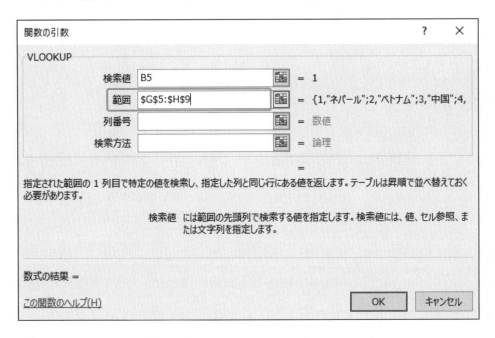

④ [検索値] 入力ボックスにカーソルがあることを確認し、セルB5をクリックします。
⑤ Tabキーまたは [範囲] 入力ボックスをクリックします。
⑥ セルG5からセルH9をドラッグします。[範囲] は数式をコピーすると「相対参照」なので移動します。今回は [範囲] で選択するセル参照は固定しなければならないので、F4キーを押して「絶対参照」に切り替えます。

⑦ [列番号] 入力ボックスに、「2」と入力します。[範囲] で指定した範囲の左から数えて何列目のデータを参照するのかを指定します。
⑧ [検索方法] 入力ボックスに、「0」と入力します。
⑨ 数式の結果が表示されます。
⑩ [OK] をクリックします。

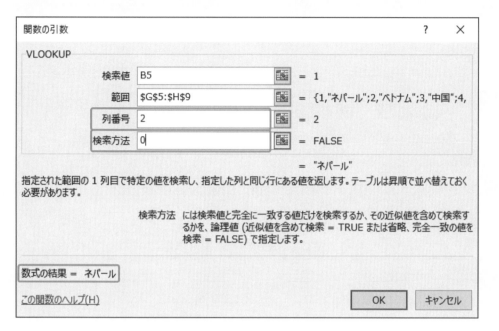

⑪ セルC15までコピーします。

CHAPTER 08

操作 「番号2」から「学部名」を検索しましょう。

操作 文字の配置、罫線、塗りつぶしの色、列幅の変更をしましょう。

⑫ セルA4からセルE4、セルG4からセルH4、セルJ4からK4に、任意の［塗りつぶしの色］を設定しましょう。
⑬ セルC5からセルC15、セルE5からセルE15に、［中央揃え］の設定をしましょう。
⑭ 完成例を参照に、列幅の変更、罫線を引きましょう。
⑮ 上書き保存しましょう。

8-3-2　検索方法「検索値の近似値を含めて検索する」

完成例

	A	B	C	D	E	F	G	H	I	J
1			学内模擬試験結果							
2										
3		学籍番号	点数		ランク			＜評価ランク表＞		
4			日本語	英語	日本語	英語		点数	ランク	
5		1010	79	88	B	A		0	D	
6		1011	50	68	D	C		60	C	
7		1012	76	66	B	C		70	B	
8		1013	59	55	D	D		80	A	
9		1014	82	71	A	B		90	S	
10		1015	57	49	D	D				
11		1016	83	90	A	S				
12		1017	61	53	C	D				
13		1018	29	76	D	B				
14		1019	66	65	C	C				
15		1020	95	80	S	A				
16										

操作 「Sheet1」の右側に新しいシートを挿入し、「学内模擬試験結果」を作成しましょう。

① シート見出しの右側にある ⊕ ボタンをクリックします。

24	
25	

◁ ▷　Sheet1　⊕

② 「Sheet1」の右側に「Sheet2」が挿入されました。

24	
25	

◁ ▷　Sheet1　Sheet2　⊕

③ 入力例を参考にデータの入力をしましょう。完成例を参考に列幅を変更しましょう。

入力例

	A	B	C	D	E	F	G	H	I
1		がくないもぎしけんけっか							
2									
3		がくせきばんごう	てんすう		ランク			<ひょうからんくひょう>	
4			にほんご	えいご	にほんご	えいご		てんすう	らんく

完成例

	A	B	C	D	E	F	G	H	I
1		学内模擬試験結果							
2									
3		学籍番号	点数		ランク			<評価ランク表>	
4			日本語	英語	日本語	英語		点数	ランク
5		1010	79	88				0	D
6		1011	50	68				60	C
7		1012	76	66				70	B
8		1013	59	55				80	A
9		1014	82	71				90	S
10		1015	57	49					
11		1016	83	90					
12		1017	61	53					
13		1018	29	76					
14		1019	66	65					
15		1020	95	80					
16									

④ セルB1のフォントサイズを14ポイントにし、[太字]の設定をしましょう。
⑤ セルB1からセルF1、セルB3からセルB4、セルC3からセルD3、セルE3からセルF3、セルH3からセルI3に[セルを結合して中央揃え]の設定をしましょう。
⑥ セルC4からセルF4、セルH4からI9に[中央揃え]の設定をしましょう。
⑦ 上書き保存しましょう。

操作 点数「日本語」から「ランク」を検索しましょう。日本語入力システムをOFFに切り替えましょう。

① セルE5をクリックします。
② [数式]タブ →[関数ライブラリ]グループ →[検索/行列]ボタンをクリックし、[VLOOKUP]をクリックします。
③ 「VLOOKUP関数」のダイアログボックスが表示されます。
④ [検索値]入力ボックスにカーソルがあることを確認し、セルC5をクリックします。
⑤ Tab キーまたは[範囲]入力ボックスをクリックします。

217

⑥ セルH5からセルI9をドラッグします。F4キーを押して「絶対参照」に切り替えます。
⑦ [列番号] 入力ボックスに、「2」と入力します。[範囲] で指定した範囲の左から数えて何列目のデータを参照するのかを指定します。
⑧ [検索方法] 入力ボックスに、「1」と入力します（または何も入力しないで空欄にします）。
⑨ 数式の結果が表示されます。
⑩ [OK] をクリックします。

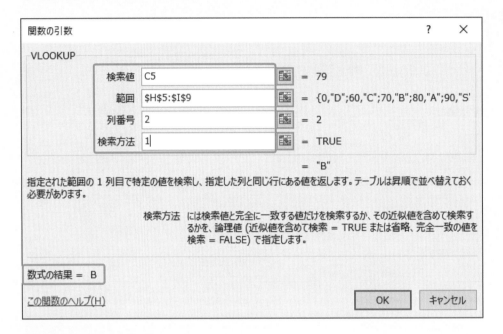

⑪ セルE15までコピーします。

操作 点数「英語」から「ランク」を検索しましょう。

① 数式をセルF15までコピーしましょう。
② セルE5からセルF15に、[中央揃え] の設定をしましょう。
③ 表に罫線を引きましょう。表全体に [格子]、外枠を [太い外枠]、4行目の下を [下二重罫線] に変更しましょう。
④ 上書き保存しましょう。

F5 =VLOOKUP(D5,$H$5:$I$9,2,1)

学籍番号	点数		ランク			<評価ランク表>	
	日本語	英語	日本語	英語		点数	ランク
1010	79	88	B	A		0	D
1011	50	68	D	C		60	C
1012	76	66	B	C		70	B
1013	59	55	D	D		80	A
1014	82	71	A	B		90	S
1015	57	49	D	D			
1016	83	90	A	S			
1017	61	53	C	D			
1018	29	76	D	B			
1019	66	65	C	C			
1020	95	80	S	A			

表タイトル: 学内模擬試験結果

Hint HLOOKUP関数

「HLOOKUP」の「H」は Horizontal → 「水平」という意味です。「LOOKUP」は「探す」という意味です。この関数は「水平にデータを探す」関数です。

書式 =HLOOKUP（検索値1，範囲，行番号，検索方法）

8-4 TODAY関数

TODAY関数は、今日の日付を求める関数です。

書式 =TODAY ()

CHAPTER 08

操作 「Sheet2」の右側に新しいシートを挿入し、「年齢調査表」を作成しましょう。

① シート見出しの右側にある ⊕ ボタンをクリックします。

② 「Sheet2」の右側に「Sheet3」が挿入されました。

③ 入力例を参考にデータの入力をしましょう。

	A	B	C
1	年齢調査表		
2			
3			現在
4			
5	学籍番号	誕生日	年齢
6	AF171015		

入力例

	A	B	C
1	ねんれいちょうさひょう		
2			
3			げんざい
4			
5	がくせきばんごう	たんじょうび	ねんれい
6	AF171015		

④ 上書き保存しましょう。
⑤ セルA1のフォントサイズを14ポイント、[太字]、[斜体] の設定をしましょう。
⑥ セルA1からセルC1に [セルを結合して中央揃え] の設定をしましょう。
⑦ セルA5からセルC5に [中央揃え] の設定をしましょう。
⑧ 表に罫線を引きましょう。表全体に [格子]、外枠を [太い外枠] に変更しましょう。
⑨ セルA5からセルC5に任意の [塗りつぶしの色] を設定しましょう。

⑩ 1行目から6行目までの[行高]を「20」に変更しましょう。

⑪ 日本語入力システムをOFFに切り替えましょう。
⑫ セルB3をクリックします。「今日の日付」が常に表示されるようにTODAY関数を挿入します。
⑬ [数式]タブ →[関数ライブラリ]グループ →[日付/時刻]ボタンをクリックし、[TODAY]をクリックします。

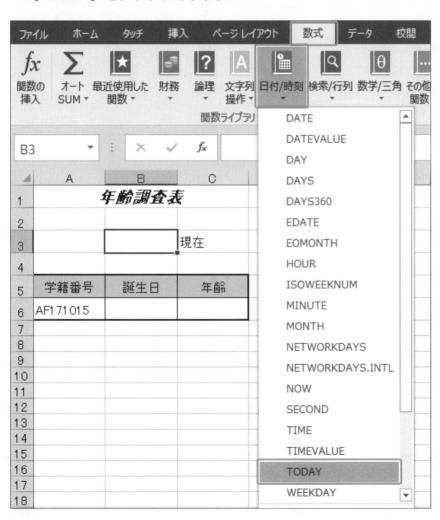

⑭ TODAY関数の［関数の引数］ダイアログボックスが表示されます。この関数には引数は必要ないので、［OK］をクリックします。

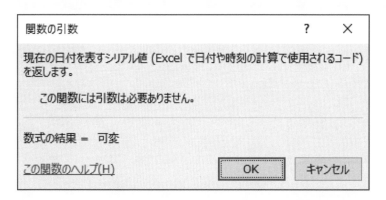

⑮ TODAY関数が挿入されました。数式バーを確認しましょう。
※ 本書の表示は2019年1月15日現在のものです。

⑯ 上書き保存しましょう。

8-5 DATEDIF関数

　日付を入力した2つのセルを参照して、指定した開始日から終了日までの期間が何年なのか、何か月なのか、何日なのかを計算する関数です。その期間の単位（年数、月数、日数など）を指定する必要があります。

書式 =DATEDIF（開始日, 終了日, 単位）

「DATEDIF関数」の単位

単位	意味
"Y"	満年数 → 満何年経過したのか
"M"	満月数 → 満何か月経過したのか
"D"	総日数 → 経過日数
"YM"	1年未満の月数 → 開始日と終了日の月数差
"YD"	1年未満の日数 → 開始日と終了日の日数差
"MD"	1か月未満の日数 → 開始日と終了日の日数差

操作 「年齢」を求めましょう。日本語入力をOFFに切り替えましょう。

① セルB6に、あなたの誕生日を入力しましょう。　例）2001/3/5
② セルC6をクリックします。
③ 「=datedif(」と入力します。数式バーにも数式が入力されているのを確認します。
④ 「開始日」が入力されているセルB6をクリックします。「,（カンマ）」を入力し区切ります。

⑤ 「終了日」が入力されているセルB3をクリックします。「,（カンマ）」を入力し区切ります。

	A	B	C	D	E
			fx	=datedif(B6,B3	

B3の数式バー: =datedif(B6,B3
DATEDIF()

	A	B	C	D	E
1		年齢調査表			
2					
3		2019/1/15	現在		
4					
5	学籍番号	誕生日	年齢		
6	AF171015	2001/3/5	dif(B6,B3		
7					

⑥ 「単位」を「"Y"」と入力して「)」で閉じます。

C6の数式バー: =datedif(B6,B3,"Y")

	A	B	C	D	E
1		年齢調査表			
2					
3		2019/1/15	現在		
4					
5	学籍番号	誕生日	年齢		
6	AF171015	2001/3/5	B6,B3,"Y")		
7					

⑦ Enterキーを押します。「年齢」が17歳と分かりました。

	A	B	C	D
1		年齢調査表		
2				
3		2019/1/15	現在	
4				
5	学籍番号	誕生日	年齢	
6	AF171015	2001/3/5	17	
7				
8				

⑧ 上書き保存しましょう。

8-6 シート操作

Excelを起動すると、ワークシートは「Sheet1」という1枚が表示されています。ワークシートは必要に応じて枚数を増やしたり、シート名を変更したり、シート見出しの色を設定することができます。

8-6-1 シート名の変更

操作 現在の3枚のシートの「シート名」を変更しましょう。日本語入力システムをONにしましょう。

① シート見出しの「Sheet1」をクリックします。
② マウスポインタが「Sheet1」上にあることを確認して、ダブルクリックします。
③ シート見出しが反転します。

④ 「剣道部名簿」と入力します。
⑤ Enterキーを押して確定し、もう一度Enterキーを押します。シート名が変更されました。

操作 「Sheet2」を「学内模擬」、「Sheet3」を「年齢調査表」と変更しましょう。

CHAPTER 08

8-6-2 シート見出しの色の設定

シート見出しに色を設定しましょう。

① シート「剣道部名簿」をクリックします。
② マウスポインタが「剣道部名簿」上にあることを確認して、右クリックします。
③ ショートカットメニューが表示されます。
④ [シート見出しの色] をポイントすると、色の一覧が表示されます。
⑤ 任意の色をクリックしましょう。

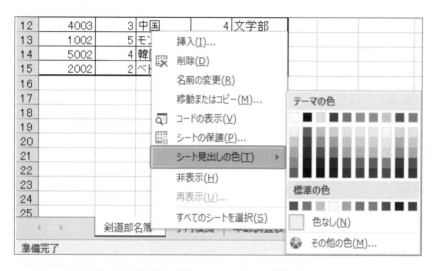

⑥ シート見出しに色が設定されました。

> **操作** 「学内模擬」、「年齢調査表」に、「シート見出しの色」(任意の色) を設定しましょう。

① [上書き保存] しましょう。
② Excelを閉じましょう。

演習問題 1　ブック名：カラオケ大会を開き、以下の問題を解答しましょう。

完成例

	A	B	C	D	E	F	G	H
1		サークル対抗カラオケ大会						
2								
3		サークル名	1次予選	2次予選	3次予選	合計	順位	決勝
4		茶道	77	84	88	249	7	
5		生け花	90	86	85	261	2	進出
6		サッカー	81	90	89	260	4	進出
7		野球	87	91	88	266	1	進出
8		バレーボール	85	90	84	259	5	
9		バスケットボール	82	89	90	261	2	進出
10		ヨット	81	95	78	254	6	
11		柔道	80	75	79	234	8	
12		最高点	90	95	90			
13								

入力例

H列にデータを追加しましょう。

	H
1	
2	
3	けっしょう

＜問題1＞数式を作りましょう。

① セルH4からセルH11：合計が260点以上ならば「進出」、それ以外は空欄（何も表示しない）となる「IF関数」を作りましょう。

＜問題2＞《完成例》を参考にして罫線を引きましょう。

＜問題3＞上書き保存しましょう

CHAPTER 08

演習問題2 データを入力し、以下の問題を解答しましょう。
保存場所：任意　　ファイル名：アルバイト状況表

完成例

	A	B	C	D	E	F	G	H	I
1		アルバイト状況表							
2									
3		従業員No	番号1	部門名	番号2	勤務種類		日付	
4		1	2	ホール	1	早番		2019/1/17	
5		2	2	ホール	2	遅番			
6		3	1	調理場	2	遅番			
7		4	1	調理場	2	遅番			
8		5	2	ホール	1	早番			
9									
10			<部門・勤務種類表>						
11			番号1	部門名	番号2	勤務種類			
12			1	調理場	1	早番			
13			2	ホール	2	遅番			
14									

入力例

	A	B	C	D	E	F	G	H
1		あるばいとじょうきょうひょう						
2								
3		じゅうぎょういんNo	ばんごう1	ぶもんめい	ばんごう2	きんむしゅるい		ひづけ
4			1	2		1		
5			2	2		2		
6			3	1		2		
7			4	1		2		
8			5	2		1		
9								
10				<ぶもん・きんむしゅるいひょう>				
11				ばんごう1	ぶもんめい	ばんごう2	きんむしゅるい	
12				1	ちょうりば	1	はやばん	
13				2	ほーる	2	おそばん	

＜問題1＞数式を作りましょう。

① セルD4：＜部門・勤務種類表＞を参照して「部門名」を求める「VLOOKUP関数」を作りましょう。そしてセルD4の関数をセルD8までコピーしましょう。
② セルF4：＜部門・勤務種類表＞を参照して「勤務種類」を求める「VLOOKUP関数」を作りましょう。そしてセルF4の関数をセルF8までコピーしましょう。
③ セルH4：今日の日付を表示する「TODAY関数」を作りましょう。

＜問題2＞書式設定をしましょう。

① セルB1からセルF1：[セルを結合して中央揃え]、フォントサイズ16ポイント、[太字]、[下線]
② セルB3からセルF3、セルH3、セルC11からセルF11：[中央揃え]、任意の[塗りつぶしの色]
③ 列幅変更：A列とG列を「2.5」、C列とE列を「6.0」、H列を「10.0」

＜問題3＞罫線を引きましょう。

① セルB3からセルF8、セルC11からセルF13、セルH3からセルH4：[格子]、外枠を[太い外枠]
② セルB3からセルF3、セルH3、セルC11からF11：[下二重罫線]

＜問題4＞名前を付けて保存しましょう。

CHAPTER 08

> **演習問題 3** データを入力し、以下の問題を解答しましょう。
> 保存場所：任意　　ファイル名：セミナー申込書

完成例

	A	B	C	D	E	F	G	H	I	J	K	L
1												
2				セミナー申込書								
3												
4			合　計			4,320 円						
5												
6			学籍番号			10010						
7			氏　　名	田中 花子								
8									<コース名と料金表>			
9		No	コースCD	コース名	受講料	テキスト代		コースCD	コース名	受講料	テキスト代	
10		1	S1	就活へのタイムスケジュール	500	1,000		S1	就活へのタイムスケジュール	500	1,000	
11		2	S2	就活のためのビジネスマナー	800	1,000		T1	インターンシップ制度	300	300	
12		3	J1	女子学生のためのブラッシュアップ	1,000	500		S2	就活のためのビジネスマナー	800	1,000	
13								S3	就活に役立つビジネス文書	800	1,500	
14								J1	女子学生のためのブラッシュアップ	1,000	500	
15												
16												
17												
18												
19					受講料	¥2,300						
20					テキスト代	¥2,500						
21					10%割引	¥480						
22					合計	¥4,320						
23												

入力例

A列からF列まで

	A	B	C	D	E	F
1						
2		せみなーもうしこみしょ				
3						
4			ごうけい		えん	
5						
6			がくせきばんごう		10010	
7			しめい	たなか　はなこ		
8						
9		No	こーすCD	こーすめい	じゅこうりょう	てきすとだい
10		1	S1			
11		2	S2			
12		3	J1			
13						
14						
15						
16						
17						
18						
19					じゅこうりょう	
20					てきすとだい	
21					10%わりびき	
22					ごうけい	

入力例

G列からK列まで

	G	H	I	J	K
8			<こーすめいとりょうきんひょう>		
9		こーすCD	こーすめい	じゅこうりょう	てきすとだい
10		S1	しゅうかつへのたいむすけじゅーる	500	1000
11		T1	いんたーんしっぷせいど	300	300
12		S2	しゅうかつのためのびじねすまなー	800	1000
13		S3	しゅうかつにやくだつびじねすぶんしょ	800	1500
14		J1	じょしがくせいのためのぶらっしゅあっぷ	1000	500

<問題1>数式を作りましょう。

① セルD10：<コース名と料金表>を参照して「コース名」を求める「VLOOKUP関数」を作りましょう。ただしセルC10の「コースCD」が入力されていないときは何も表示しないように「IF関数」と組み合わせて作りましょう。数式をセルD17までコピーしましょう。

② セルE10：<コース名と料金表>を参照して「受講料」を求める「VLOOKUP関数」を作りましょう。ただしセルC10の「コースCD」が入力されていないときは何も表示しないように「IF関数」と組み合わせて作りましょう。数式をセルE17までコピーしましょう。

③ セルF10：<コース名と料金表>を参照して「テキスト代」を求める「VLOOKUP関数」を作りましょう。ただしセルC10の「コースCD」が入力されていないときは何も表示しないように「IF関数」と組み合わせて作りましょう。数式をセルF17までコピーしましょう。

④ セルF19：セルE10からセルE17までの受講料の「合計」を求める数式を作りましょう。

⑤ セルF20：セルF10からセルF17テキスト代の「合計」を求める数式を作りましょう。

⑥ セルF21：セルF19の「受講料」とセルF20の「テキスト代」を合計した値の「10%割引」を求める数式を作りましょう。

⑦ セルF22：セルF19の「受講料」とセルF20の「テキスト代」を合計した値から「10%割引」をマイナスした「合計」を求める数式を作りましょう。

⑧ セルD4：セルF22を参照するように設定します。

<問題2>書式設定をしましょう。

① セルB2：フォントサイズ16ポイント、[太字]、[斜体]
② セルB2からセルF2：「セルを結合して中央揃え」

③ 列幅変更：A列を「2」、B列とG列を「3」、D列とI列を「28」、E列とJ列を「9」、F列とK列を「10」
④ セルC4、セルC6からセルC7：[均等割り付け]
⑤ セルD4：「フォントサイズ」16ポイント、[太字]
⑥ セルB9からセルF9、セルH9からセルK9：[中央揃え]
⑦ セルE19からセルE22：[右揃え]

＜問題3＞数値データに表示形式を設定しましょう。

① セルD4、セルE10からセルF17、セルJ10からセルK14：[桁区切りスタイル]
② セルF19からセルF22：[通貨スタイル]

＜問題4＞罫線を引きましょう。

① セルC6からセルD7、セルB9からセルF17、セルH9からセルK14、セルE19からセルF22：[格子]、外枠を[太い外枠]
② セルB9からセルF9、セルH9からセルK9：[下二重罫線]
③ セルD4：[下線]

＜問題5＞名前を付けて保存しましょう。

CHAPTER 09

第9章 プレゼンテーションの作成

PowerPointは、プレゼンテーション発表や、企画書を作成するためのアプリケーションソフトです。文章やグラフ、表などをスライド形式で作成し、図形や写真・イラストなどを使用して視覚効果の高い資料を作成することができます。

この章で学ぶこと
この章では以下の項目を学習します。
きちんと理解できたら□にチェックを入れましょう。

- 9-1　PowerPointの画面構成　□
- 9-2　表示モードの切り替え　□
- 9-3　プレゼンテーションの作成
- 9-3-1　新規作成　□
- 9-3-2　プレースホルダーとテキスト　□
- 9-3-1　プレゼンテーションの新規作成　□
- 9-3-2　プレースホルダーとテキスト　□
- 9-3-3　新しいスライドの挿入　□
- 9-3-4　行間の変更　□
- 9-3-5　箇条書きの編集　□
- 9-3-6　イラストの挿入　□

CHAPTER 09

9-1 PowerPointの画面構成

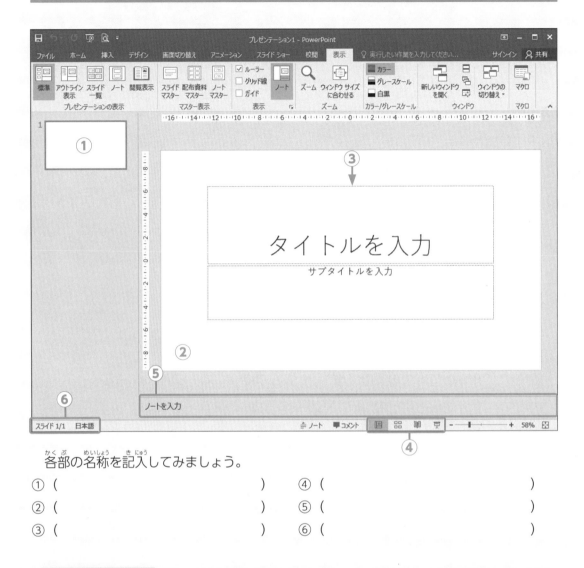

各部の名称を記入してみましょう。

① (   )　④ (   )
② (   )　⑤ (   )
③ (   )　⑥ (   )

各部の名称と機能

名称	機能
① スライドのサムネイル	スライドの縮小版が表示される
② スライドペイン	各スライドがどのように表示されるか確認することができる
③ プレースホルダー	点線で囲まれたボックスで、スライドのレイアウト上でコンテンツを決まった位置に配置するためのもの
④ 表示モードの切り替え	表示モードをボタンで切り替えることができる
⑤ ノートペイン	発表者用のノートやコメントを入力できる
⑥ ステータスバー	スライドのページ番号、テーマ名などが表示される

9-2 表示モードの切り替え

[表示] タブからスライドの表示モードを切り替えることができます。

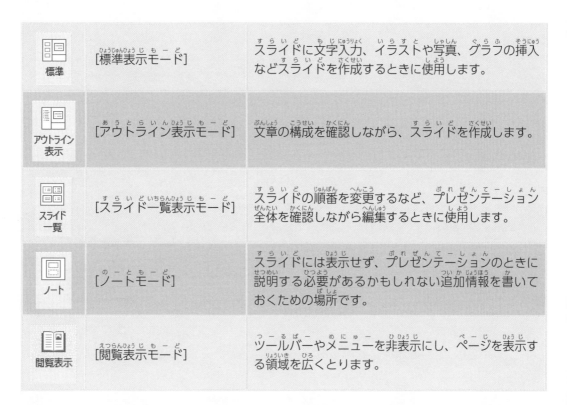

標準	[標準表示モード]	スライドに文字入力、イラストや写真、グラフの挿入などスライドを作成するときに使用します。
アウトライン表示	[アウトライン表示モード]	文章の構成を確認しながら、スライドを作成します。
スライド一覧	[スライド一覧表示モード]	スライドの順番を変更するなど、プレゼンテーション全体を確認しながら編集するときに使用します。
ノート	[ノートモード]	スライドには表示せず、プレゼンテーションのときに説明する必要があるかもしれない追加情報を書いておくための場所です。
閲覧表示	[閲覧表示モード]	ツールバーやメニューを非表示にし、ページを表示する領域を広くとります。

編集時に使用する表示モードのほかに、スライドショーを実行するための画面があります。

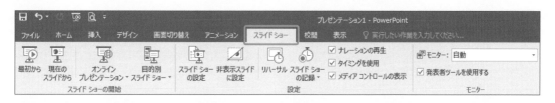

CHAPTER 09

9-3 プレゼンテーションの作成

次のプレゼンテーションを作成しましょう。

完成例

ファイル名：日本の夏祭り

スライド1
日本の夏祭り
日本の夏を楽しみましょう！！

スライド2
はじめに
- 日本の夏には、全国各地でお祭り、盆踊り、花火大会などさまざまな行事があります。それぞれに特色のある行事が催され、その地域に根付いた独自の文化を楽しむことができます。

スライド3
有名なお祭り
- 博多祇園山笠（福岡県）
  - 700年以上続く伝統あるお祭り
- 馬関まつり（山口県）
  - パレードや露台があり、当日に通りに参加することもできる
- 隅田川花火大会（東京都）
  - 伝統、格式のある花火大会
- 青森ねぶた祭り（青森県）
  - 「人形ねぶた」と呼ばれる山車と通りが楽しい

スライド4
金魚すくい
- 夏祭りといえば「金魚すくい」。水槽に入れた金魚をポイですくう遊びです。日本人には馴染み深いもので、古くから日本には、夏に金魚を愛でて涼を感じるという習慣があります。

スライド5
日本の花火
- 日本の花火は、納涼などを目的とし、市民たちの行事であったため、上に高くあがって、どこからみても丸く見えるような形になっています。

スライド6
風鈴
- 日本の夏に家の軒などにつりさげて使うものである。風にふかれて音がなるしくみです。その音を楽しみ、涼しげな気分になります。

9-3-1 プレゼンテーションの新規作成

① PowerPointを起動し、[新しいプレゼンテーション] をクリックします。

② タイトルスライドが表示されます。

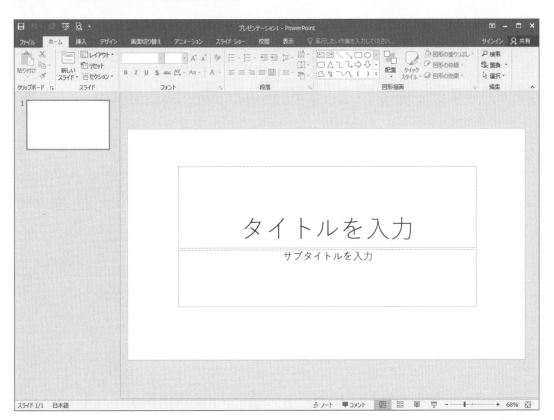

9-3-2 プレースホルダーとテキスト

文字を入力するための枠を［プレースホルダー］といいます。プレースホルダーにタイトルとサブタイトルを入力しましょう。

① ［タイトルを入力］と表示されているプレースホルダーの中をクリックします。カーソルが表示されるので、「日本の夏祭り」と入力します。

② プレースホルダーの中にカーソルが表示され、枠線が点線の状態では文字はまだ確定ではありません。プレースホルダーの枠線の上にマウスポインタを合わせ、クリックし確定します。枠線が実線に変わります。この状態がプレースホルダーを選択したことになります。

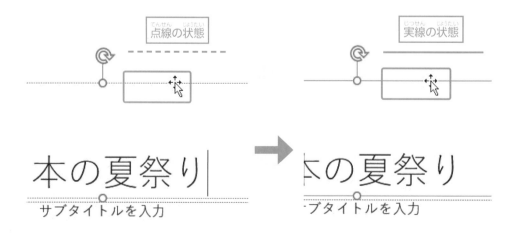

③ [サブタイトルを入力] と表示されているプレースホルダーにも「日本の夏を楽しみましょう！！」と入力しましょう。

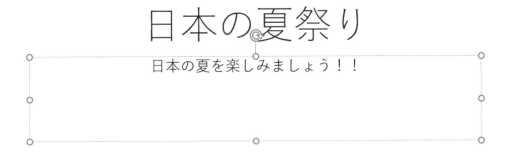

④ 入力が終わったら、名前を付けて保存します。

9-3-3 新しいスライドの挿入

操作 新しいスライドを挿入します。

① [ホーム] タブの [新しいスライド] ボタンをクリックします。

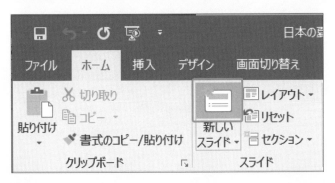

② [タイトルとコンテンツ]レイアウトのスライドが追加されます。

Point

スライドを追加すると、[タイトルとコンテンツ]のレイアウトが適用されます。あらかじめレイアウトを選択しておくこともできますが、後からレイアウトを変更することもできます。後からレイアウトを変更するには、[ホーム]タブの[レイアウト]ボタンから目的のレイアウトをクリックします。

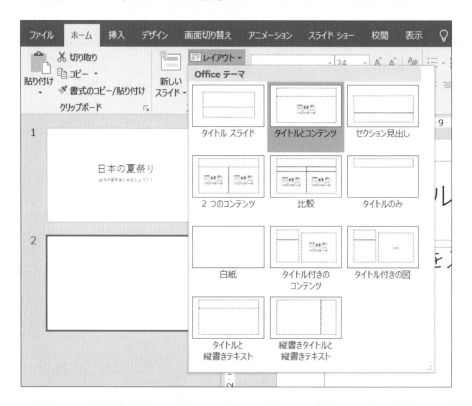

③ 2枚目のスライドに文字を入力します。

```
タイトル：はじめに
本文：日本の夏には、全国各地でお祭り、盆踊り、花火大会などさまざまな行
　　　事があります。それぞれに特色のある行事が催され、その地域に根付い
　　　た独自の文化を楽しむことができます。
```

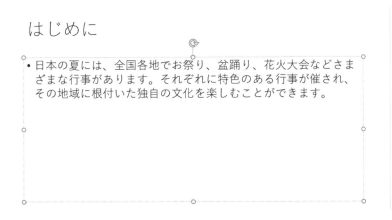

9-3-4 行間の変更

プレースホルダー内の文章が読みにくい場合は、行間を調整して読みやすくします。プレースホルダーを選択し、[ホーム] タブの [段落] グループ、[行間] ボタンをクリックし、[2.0] を選択します。

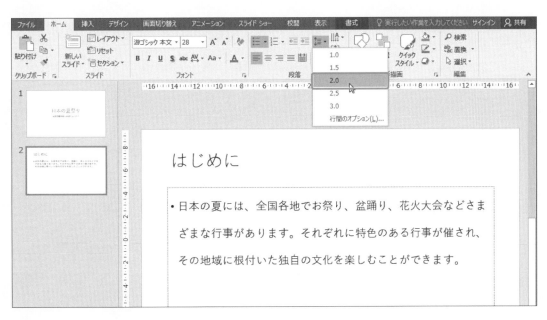

CHAPTER 09

9-3-5 箇条書きの編集

箇条書きを入力した後、行頭文字やレベルの変更をすることができます。

① 3枚目のスライドを挿入し、文字を入力します。

タイトル：有名なお祭り
本文：博多祇園山笠（福岡県）
　　　700年以上続く伝統あるお祭り
　　　馬関まつり（山口県）
　　　パレードや屋台があり、当日に踊りに参加することもできる
　　　隅田川花火大会（東京都）
　　　伝統、格式のある花火大会
　　　青森ねぶた祭り（青森県）
　　　「人形ねぶた」と呼ばれる山車と踊りが楽しい

有名なお祭り

- 博多祇園山笠（福岡県）
- 700年以上続く伝統あるお祭り
- 馬関まつり（山口県）
- パレードや屋台があり、当日に踊りに参加することもできる
- 隅田川花火大会（東京都）
- 伝統、格式のある花火大会
- 青森ねぶた祭り（青森県）
- 「人形ねぶた」と呼ばれる山車と踊りが楽しい

② 箇条書きの2行目を選択し、[ホーム] タブの [段落] グループ、[インデントを増やす] ボタンをクリックします。

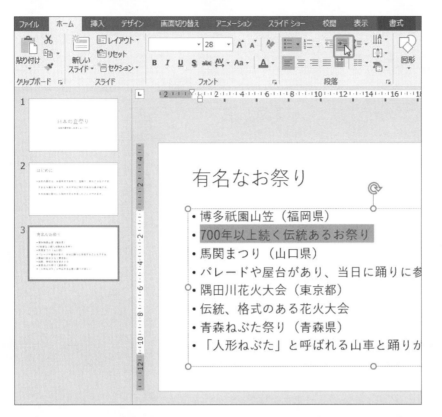

③ 箇条書きのレベルが変更され、文字サイズなどが変更されます。

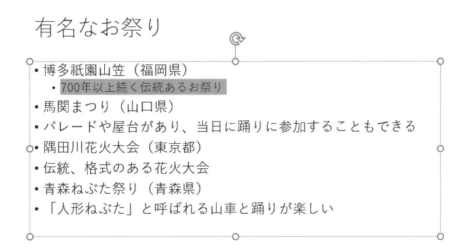

④ 4行目、6行目、8行目も同じように、箇条書きのレベルを変更します。

CHAPTER 09

⑤ 行頭文字を変更します。箇条書きのプレースホルダーを選択し、[ホーム] タブの [段落] グループの [箇条書き] ボタンの▼をクリックし、行頭文字を変更します。

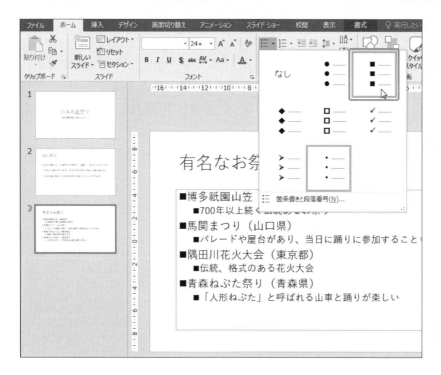

9-3-6 イラストの挿入

① 4枚目のスライドを挿入します。[新しいスライド] ボタンの下部分をクリックし、[2つのコンテンツ] レイアウトを選択し、文字を入力します。

タイトル：金魚すくい
本文：夏祭りといえば「金魚すくい」。水槽に入れた金魚をすくう遊びです。日本人には馴染み深いもので、古くから日本には、夏に金魚を愛でて涼を感じるという習慣があります。

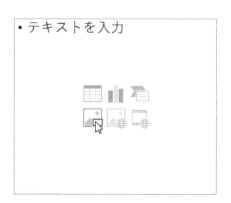

② イラストを挿入します。プレースホルダーの[図]ボタンをクリックし、「金魚すくい.jpg」を選択し、挿入します。

③ ハンドルにマウスのポインタをあわせて、サイズと場所を調整します。マウスのポインタの形に注意して操作しましょう。

画像の移動の場合

サイズ変更の場合

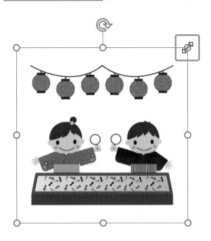

Point

画像の挿入は、[挿入] タブの [画像] ボタンからも挿入することができます。

④ 5枚目のスライドを挿入します。[新しいスライド] ボタンの下部分をクリックし、[2つのコンテンツ] レイアウトを選択し、文字を入力し、イラストを挿入します。

タイトル：日本の花火
本文：日本の花火は、納涼などを目的とし、市民たちの行事であったため、上に高くあがって、どこからみても丸く見えるような形になっています。

日本の花火

- 日本の花火は、納涼などを目的とし、市民たちの行事であったため、上に高くあがって、どこからみても丸く見えるような形になっています。

⑤ 6枚目のスライドを挿入します。文字を入力し、イラストを挿入します。

> **タイトル：風鈴**
> **本文**：日本の夏に家の窓などにつりさげて使うものである。風にふかれて音がなるしくみです。その音を楽しみ、涼しげな気分になります。

風鈴

- 日本の夏に家の窓などにつりさげて使うものである。風にふかれて音がなるしくみです。その音を楽しみ、涼しげな気分になります。

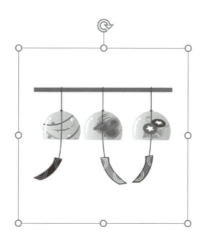

⑥ 上書き保存します。

CHAPTER 09

演習問題 1 完成図を見て、スライドを作成しましょう。
ファイル名：秋の楽しみ

タイトル：秋の楽しみ
本文：フルーツ狩り　　きのこ狩り

完成図

演習問題 2 完成図を見て、スライドを作成しましょう。
ファイル名：日本の温泉

タイトル：日本の"ONSEN"文化
本文：温泉でのマナー

　　しっかり「かけ湯」をして、体の汚れを落して入る

　　タオルは浴槽につけない

　　バスタオルや水着は着ない

　　備品は元の場所に戻す

　　騒がない

　　写真をとらない

完成図

日本の"ONSEN"文化

- 温泉でのマナー
1. しっかり「かけ湯」をして、体の汚れを落として入る
2. タオルは浴槽につけない
3. バスタオルや水着は着ない
4. 備品は元の場所に戻す
5. 騒がない
6. 写真をとらない

CHAPTER 10

第10章 プレゼンテーションのデザイン

スライドを作成するだけでなく、プレゼンテーションを見栄えよくするツールがPowerPointには用意されています。そのほか発表用のツールも用意されています。上手に使って、相手により伝わるプレゼンテーションを作りましょう。

この章で学ぶこと

この章では以下の項目を学習します。
きちんと理解できたら□にチェックを入れましょう。

10-1	スライドの作成 □	10-6	スライドショーの実行
10-2	テーマの適用 □	10-6-1	画面の切り替え操作 □
10-3	テキストボックスの挿入 □	10-6-2	プレゼンテーションのリハーサル □
10-4	図形の挿入 □		
10-5	SmartArtの挿入 □	10-6-3	スライドへの書き込み □

CHAPTER 10

10-1 スライドの作成

次のプレゼンテーションを作成しましょう。

完成例

ファイル名：日本での就職活動

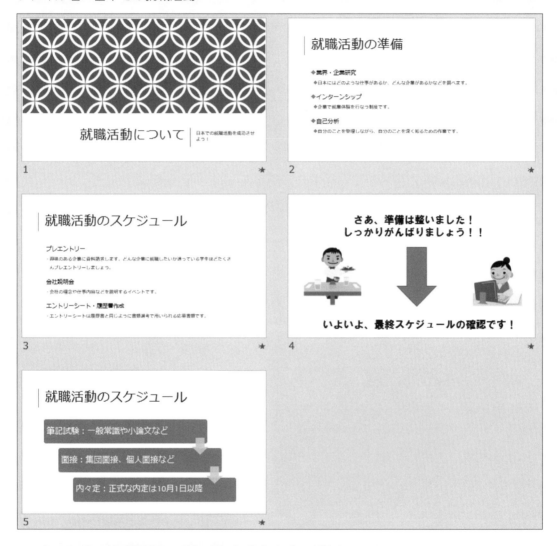

① ファイルを新規作成し、タイトルスライドに入力します。

> タイトル：就職活動について
> サブタイトル：日本での就職活動を成功させよう！

就職活動について
日本での就職活動を成功させよう！

② 名前を付けて保存しましょう。
③ 2枚目以降のスライドを作成します。

2枚目のスライド

> タイトル：就職活動の準備
> 本文：業界・企業研究
> 　　　日本にはどのような仕事があるか、どんな企業があるかなどを調べます。
> 　　　インターンシップ
> 　　　企業で就業体験を行なう制度です。
> 　　　自己分析
> 　　　自分のことを整理しながら、自分のことを深く知るための作業です。

就職活動の準備

◆業界・企業研究
　◆日本にはどのような仕事があるか、どんな企業があるかなどを調べます。

◆インターンシップ
　◆企業で就業体験を行なう制度です。

◆自己分析
　◆自分のことを整理しながら、自分のことを深く知るための作業です。

CHAPTER 10

3枚目のスライド

```
タイトル：就職活動のスケジュール
本文：プレエントリー
　　　興味のある企業に資料請求します。どんな企業に就職したいか迷っている学生ほどたくさんプレエントリーしましょう。
　　　会社説明会
　　　会社の理念や仕事内容などを説明するイベントです。
　　　エントリーシート・履歴書作成
　　　エントリーシートは履歴書と同じように書類選考で用いられる応募書類です。
```

就職活動のスケジュール

- プレエントリー
    - 興味のある企業に資料請求します。どんな企業に就職したいか迷っている学生ほどたくさんプレエントリーしましょう。
- 会社説明会
    - 会社の理念や仕事内容などを説明するイベントです。
- エントリーシート・履歴書作成
    - エントリーシートは履歴書と同じように書類選考で用いられる応募書類です。

④ 4枚目のスライドを挿入します。レイアウトは［白紙］を選択しましょう。

10-2 テーマの適用

「テーマ」を使用すると、スライド全体のデザインをまとめて変更することができます。背景の色や模様、フォントなどの書式を変更することができます。

① ［デザイン］タブの［その他］ボタンをクリックします。

② 用意されているテーマの一覧が表示されるので、その中から［インテグラル］を選択します。
③ スライド全体にテーマが適応されます。

10-3 テキストボックスの挿入

スライドのレイアウトの中に合うものがない場合は、［白紙］レイアウトを選択し、テキストボックスやオブジェクトを挿入してレイアウトを自分で作成します。

① 4枚目のスライドを選択します。

② ［挿入］タブの［テキスト］グループの［テキストボックス］ボタンをクリックします。

③ スライドの適当な場所でクリックすると、テキストボックスが挿入されます。サイズ、場所は後から変更できます。

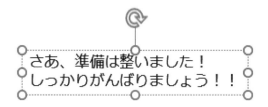

④ 「さあ、準備は整いました！しっかりがんばりましょう！！」と入力します。

⑤ テキストボックスを選択し、書式を設定します。
- フォント：HGP創英角ゴシックUB
- フォントサイズ：40p
- 中央揃え

⑥ 書式の設定が終わったら、スライドの中央にテキストボックスを移動します。テキストボックスの枠線の上にマウスポインタをあわせてドラックします。

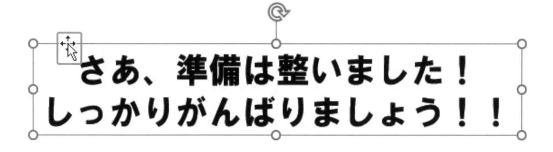

⑦ 他にもテキストボックス（「いよいよ、最終スケジュールの確認です！」）とイラストを挿入し、レイアウトを整えてみましょう。

10-4 図形の挿入

図形を使うことで、より効果的に伝えることができます。文字と図を上手に使いましょう。

① ［挿入］タブの［図］グループ、［図形］ボタンをクリックし、［下矢印］をクリックします。

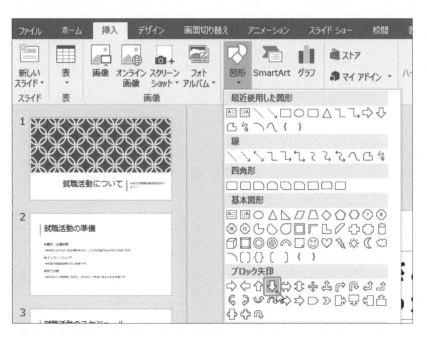

CHAPTER 10

② マウスポインタの形が「+」の状態になります。適当な大きさにドラッグして下矢印を作図します。

さあ、準備は整いました！
しっかりがんばりましょう！！

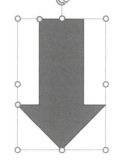

いよいよ、最終スケジュールの確認です！

10-5 SmartArtの挿入

① 5枚目のスライドを挿入します。レイアウトは［タイトルとコンテンツ］を選択します。
② タイトルに「就職活動のスケジュール」と入力し、コンテンツプレースフォルダの［SmartArtグラフィックの挿入］ボタンをクリックします。

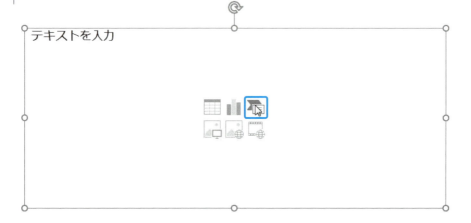

③ [SmartArtグラフィックの選択] が表示されるので、左側の一覧から [手順] を選択し、表示された図の中から [段違いステップ] を選択します。

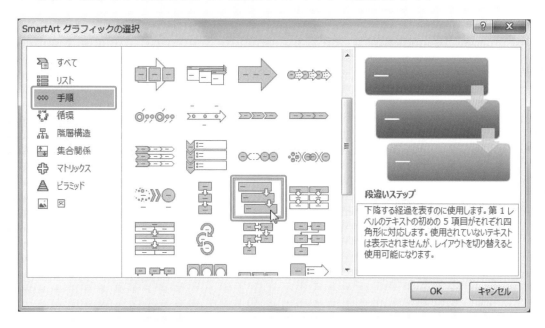

④ 図の中に文字を入力します。

1つめの図形　筆記試験：一般常識や小論文など

2つめの図形　面接：集団面接、個人面接など

3つめの図形　内々定：正式な内定は10月1日以降

就職活動のスケジュール

筆記試験：一般常識や小論文など

面接：集団面接、個人面接など

内々定：正式な内定は10月1日以降

10-6 スライドショーの実行

10-6-1 画面の切り替え操作

スライドショーでスライドを切り替えるときの動きを設定することができます。

① 1枚目のスライドが選択されていることを確認し、[画面切り替え] タブをクリックします。[画面切り替え] の一覧から、任意の画面切り替え効果をクリックすると、その画面切り替えがプレビュー表示で確認できます。

② [その他] ボタンをクリックすると、さらにたくさんの効果を選択することができます。その中から、切り替え効果 [チェッカーボード] を選択します。

③ スライドのサムネイルに、画面の切り替え効果が設定されていることを表すアイコンが表示されます。
④ 他のスライドにも、画面の切り替え効果を設定しましょう。

10-6-2　プレゼンテーションのリハーサル

　スライドショーでスライドを切り替えるときの時間（表示時間）を設定することができます。スライドショーのリハーサルを行って、予行演習を行ったときのスライドの表示時間を記録し、タイミングを調整したりすることができます。

① ［スライドショー］タブの［リハーサル］ボタンをクリックします。

② リハーサルモードでスライドショーが開始され、画面上に［リハーサル］ツールバーが表示されます。

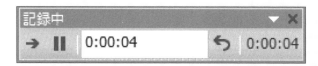

③ スライドショーが終了したら、記録の保存を確認するダイアログボックスが表示されます。保存する場合は［はい］を選択します。

10-6-3　スライドへの書き込み

　スライドショーに書き込みながら、プレゼンテーションを行うことができます。強調して説明を行いたいときにとても有効です。

① 3枚目のスライドを選択し、［スライドショー］タブの［現在のスライドから］ボタンをクリックします。

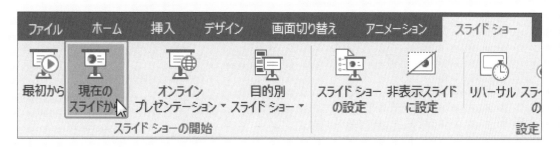

CHAPTER 10

② スライドショーを実行すると、画面左下にアイコンが表示されています。この中の［ペン］アイコンをクリックすると、ペンの種類を選択するメニューが表示されます。蛍光ペンを選択しましょう。
③ 強調したい部分をドラッグします。
④ Escキーを押すと、元のポインタに戻ります。スライドショーが終了したときに書き込んだ内容を保存するかどうか確認するダイアログボックスが表示されます。
⑤ 上書き保存します。

Reference ノートの作成

プレゼンテーション資料を作成するとき、スライドごとに原稿や忘れずに話したいポイントを「ノート」に書き込むことができます。
ノートは標準表示モードのノートペインで作成するか、またはノートモード表示に切り替えて作成します。

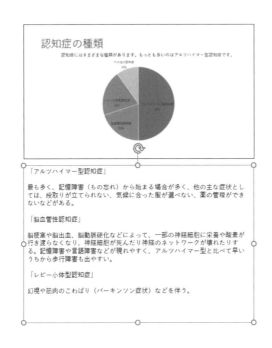

Reference ノートの印刷

ノートは印刷することもできます。

Reference

スライドの内容をプレゼンの視聴者への配布物として印刷することができます。

配布資料の印刷

プレゼンテーションのデザイン

CHAPTER 10

演習問題 1 スライドにSmartArtを挿入し、自分が過去に打ち込んだことを記入し、スライドを完成させましょう。

ファイル名：自分が打ち込んだこと

タイトル：過去に打ち込んだことを振り返る

1つ目の図形：中学校時代

2つ目の図形：高校時代

3つ目の図形：現在

完成図

過去に打ち込んだことを振り返る

中学校時代	・[テキスト] ・[テキスト]
高校時代	・[テキスト] ・[テキスト]
現在	・[テキスト] ・[テキスト]

演習問題2 スライドに表を挿入し、頑張った経験を掘り下げてみましょう。

ファイル名：経験を掘り下げる

タイトル：頑張った経験を掘り下げる
1行目：なぜ頑張ることができたのか？理由は？
2行目：どんな問題・課題がありましたか？
3行目：どうやってその問題・課題を解決しましたか？
4行目：行動した結果はどうでしたか？
5行目：その結果学んだことは何ですか？

完成図

頑張った経験を掘り下げる

なぜ頑張ることができたのか？理由は？	
どんな問題・課題がありましたか？	
どうやってその問題・課題を解決しましたか？	
行動した結果はどうでしたか？	
その結果学んだことは何ですか？	

Hint

コンテンツのプレースホルダーの［表の挿入］アイコンから表を挿入します。［表の挿入］ダイアログボックスが表示されます。列数「2」、行数「5」と選択します。

CHAPTER 11

第11章 コンピュータ概論

コンピュータといっても、教室に入りきれないような大きなものから薄いチップのような小さなものまで、現在では大小さまざまなコンピュータがあります。コンピュータは、用途や目的によって種類があるので、確認してみましょう。

CHAPTER 11

11-1 コンピュータの種類

①スーパーコンピュータ（Super Computer）

　大規模な科学技術計算に用いられる大型コンピュータです。宇宙開発や気象予測など複雑なシミュレーションを行う分野で利用されています。

提供：独立行政法人理化学研究所

②汎用コンピュータ（Mainframe）

　メインフレーム、ホストコンピュータとも呼ばれ、大量のデータを高速に処理します。事務処理から計算処理まで汎用的に利用できるように開発された大型コンピュータです。企業の基幹業務システムや銀行のオンラインシステムなどに利用されています。

提供：日本アイ・ビー・エム株式会社

③ワークステーション（Workstation）

　次ページに示すPCより高速な処理が可能な小型コンピュータです。CADやCG、科学計算などに利用されています。

- CAD（Computer Aided Design）………… コンピュータ支援設計。コンピュータを用いて建築物や工業製品の設計をすることです。
- CG（Computer Graphics）………… コンピュータグラフィックス。コンピュータを用いて実写のような画像や映像を作成することです。

提供：日本ヒューレット・パッカード株式会社

④パーソナルコンピュータ（Personal Computer）

個人や家庭での利用を目的とした小型コンピュータです。PC、パソコンとも呼ばれ、デスクトップ型からノート型までさまざまなタイプのものがあります。

提供：Apple Japan

⑤マイクロコンピュータ（Micro Computer）

1つの半導体チップに納められた非常に小型のコンピュータです。マイコンとも呼ばれ、家電製品や携帯電話、車などに内蔵されています。

提供：ルネサス エレクトロニクス株式会社

11-2 コンピュータの5大装置

パソコンの中身を見てみると、たくさんの装置で構成されているのがわかります。コンピュータの仕組みを知るために、それぞれの役割と名称を知っておきましょう。

コンピュータを構成する物理的な機器のことをハードウェアといいます。ハードウェアは、5つの要素から構成され、それを5大装置と呼びます。

コンピュータを構成する5つの要素

名称		機能	具体的な装置
①制御装置		コンピュータのすべての装置を制御します。記憶装置から命令を読み込んで解読し、命令に必要な信号を各装置に送り、各装置をコントロールします。	CPU
②演算装置		制御装置の指示に従って、記憶装置からデータを読み出して、各種の計算処理を行い、演算結果を記憶装置に返します。	
③記憶装置	主記憶装置	メインメモリとも呼び、CPUが直接アクセスして、プログラムやデータを読み書きする装置です。	メインメモリ
	補助記憶装置	プログラムやデータを保存し、必要に応じて読み書きする装置です。	ハードディスク、CD、DVD、USBメモリ
④入力装置		コンピュータに対して、指示命令やデータを与える装置です。	キーボード、マウス、スキャナ
⑤出力装置		コンピュータの処理結果を、表示・印刷する装置です。	ディスプレイ、プリンタ

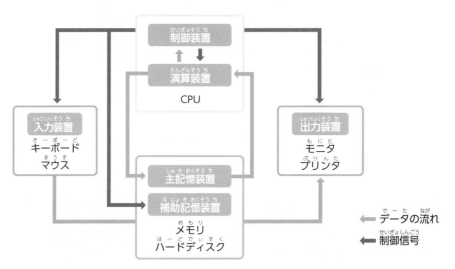

コンピュータの5つの要素の間でのデータと制御の流れ

11-3 コンピュータで用いられる単位

コンピュータでデータ量を表す最小単位はビットです。また1ビットが8個集まって1バイトとなります。IT技術の発達により、データ容量はどんどん大きく、転送速度などはどんどん速くなってきているため、単位の前に接頭語をつけて表現します。

大きい数値を表す接頭語

K（キロ）	1Kバイト = 2^{10}バイト ≒ 10^3バイト = 1000バイト
M（メガ）	1Mバイト = 2^{20}バイト ≒ 10^6バイト = 1000000バイト
G（ギガ）	1Gバイト = 2^{30}バイト ≒ 10^9バイト = 1000000000バイト
T（テラ）	1Tバイト = 2^{40}バイト ≒ 10^{12}バイト = 1000000000000バイト

小さい数値を表す接頭語

m（ミリ）	1m秒 = 10^{-3}秒 = 0.001秒
μ（マイクロ）	1μ秒 = 10^{-6}秒 = 0.000001秒
n（ナノ）	1n秒 = 10^{-9}秒 = 0.000000001秒
p（ピコ）	1p秒 = 10^{-12}秒 = 0.000000000001秒

11-4 ハードウェア

ハードウェアとは、コンピュータ本体に加え、キーボードやマウス、ディスプレイといった周辺機器の総称です。

11-4-1 CPU（中央演算処理装置）

CPUとは「セントラル・プロセッシング・ユニット」の略で、コンピュータの頭脳部となり、全体の処理、計算を行う装置です。コンピュータの5大装置の制御装置と演算装置の2つの機能を持っています。このCPUの性能が、コンピュータの性能に直結するといってもいいでしょう。CPUの性能が良いものほど、そのコンピュータは複雑でたくさんの処理を安定して行うことができます。

提供：インテル株式会社

CPUにはデータを処理する速度によって種類があり、性能はクロック周波数（Hz）で表されます。

11-4-2 メモリ

メモリとはデータを電気的・一時的に保存しておく場所です。メモリは用途に応じていろいろな種類がありますが、大きく分けてRAMとROMに分類されます。コンピュータの5大装置では主記憶装置にあたります。

- RAM（Random Access Memory）……… 読み書き可能なメモリで、電源を切ると記憶内容は消えます（揮発性）。
- ROM（Read Only Memory）……… 読み出し専用のメモリで、電源を切っても記憶内容は保持されます（不揮発性）。

メモリの記憶量が多ければ多いほど、複数のアプリケーションをまとめて動作させたり、安定して動作させやすくなります。

11-4-3 補助記憶装置

プログラムやデータを保存するための記憶装置です。さまざまな種類があります。

①ハードディスク

磁気ディスクを使用した記憶装置。OSやアプリケーション、データなどを保存します。ハードディスクの容量は年々大容量化しています（PC用としては現在の記憶容量は120GB〜10TB）。

提供：Western Digital Technologies, Inc.

②光ディスク

光ディスクにレーザー光を当てて、データを読み書きする記憶装置です。

光ディスクの主な種類

名称	記憶方式	記憶容量
CD-ROM	読み取り専用	650MB
CD-R	追記型	650MB
CD-RW	書き換え型	650MB
DVD	読み込み/書き込み/追記	4.7GB、9.4GB
Blu-ray Disc	書き換え可能	25GB、50GB

③メモリカード

フラッシュメモリを利用したカード型の記憶装置。デジタルカメラ、携帯電話や家電機器まで幅広く利用されています。

提供：株式会社バッファロー・IT・ソリューションズ

④USBメモリ

USBコネクタが付属しており、フラッシュメモリを内蔵した記憶装置です。パソコンに直接接続でき、取り外しも可能です。

提供：株式会社バッファロー・IT・ソリューションズ

CHAPTER 11

⑤ SSD（Solid State Drive）

　ハードディスク装置の磁気ディスクの代わりにフラッシュメモリを使ったドライブ装置。機械部分を持たないため、ハードディスクより高速で、衝撃に強いという特徴があります。

提供：インテル株式会社

11-4-4　入力装置

　入力装置は、コンピュータに命令を与えたり、データを入力するための装置です。入力装置はその用途や入力するデータによって分類することができます。それぞれの装置の特徴を確認しましょう。

①文字・数値の入力機器

● **キーボード**：キーを押して、文字や数字を入力します。

提供：株式会社バッファロー・IT・ソリューションズ

②ポインティングデバイス

- **マウス**：マウスの動きに合わせてポインタが移動して、画面上の入力位置や座標を指示します。

- **トラックボール**：マウスと同じように画面上の入力位置や座標を指示する機器ですが、上部のボールを転がすことで、ポインタが動きます。

提供：株式会社バッファロー・IT・ソリューションズ

提供：株式会社ロジクール

- **トラックパッド**：画面上の入力位置や座標を指示する機器で、パッドを指でなぞることで画面上の対応するポインタが動きます。

提供：株式会社ロジクール

- **ジョイスティック**：ゲーム機などで使用される入力機器です。レバーとボタンがついており、レバーを前後左右に動かしたり、ボタンを押すことで方向を入力します。
- **タッチパネル**：指先や専用のペンで画面に直接触れることで入力を行う機器です。

CHAPTER 11

③イメージデータの入力機器

- **スキャナ**：写真やイラスト、印刷物などを画像データとして読み取り、データとしてパソコンに取り込むための機器です。

提供：エプソン販売株式会社

- **バーコードリーダー**：バーコードを読み取るための機器です。バーコードに光を当てて、反射した光を読み取り、英数字に変換してコンピュータに取り込みます。

提供：株式会社エイポック

- **デジタルカメラ**：撮影した画像をデジタルデータとして記録する機器です。

提供：株式会社ニコンイメージングジャパン

- **OCR（Optical Character Reader）**：光学式文字読取装置。手書き文字や印刷された文字を読み取り、テキストデータに変換する装置です。

- OMR（Optical Mark Reader）：光学式マーク読取装置。マークシート用紙の読取装置。読み取って集計する装置です。

④その他
- 音声入力装置：マイク入力などにより音声を認識させてデータを入力する装置です。
- 生体認証装置：生体認証（バイオメトリクス）を行うための装置です。指紋、網膜認証などがあります。

11-4-5 出力装置

出力装置とは、コンピュータが処理したデータや情報を受け取り、ユーザーに認識できる形で表示する装置です。

①プリンタ

プリンタは、コンピュータで処理したデータを紙などに出力します。いくつか種類があり、用途によって使い分けます。それぞれの特徴を確認しましょう。

- レーザープリンタ：レーザー光を利用してトナーを付着させ、熱と圧力で転写して印刷します。印刷速度が速く、解像度も高いのが特徴で、大量の印刷に向いています。
- インクジェットプリンタ：インクを紙などに直接噴射して印刷します。パーソナルな用途向けであるので、印刷速度は遅くなります。
- ドットインパクトプリンタ：ピン式の印字ヘッドでインクリボンをたたいてインクを用紙に転写し、文字や図形を印刷します。印刷速度が遅く、印刷品質も高くありませんが、複写紙が使えるのが特徴です。

提供：エプソン販売株式会社

CHAPTER 11

Reference

プリンタドライバ
プリンタを制御するためのプログラムのこと。プリンタを利用するためにはプリンタドライバが必要。使用しているOSやプリンタによって必要なプリンタドライバが決まる。

ページ記述言語
プリンタに対して指示する言語。文書や画像などの印刷イメージをプログラムとしてプリンタに送る。

PostScript
Adobe社が開発したページ記述言語。

ppm
プリンタが1分間に印刷できる枚数を表すプリンタの性能指標の1つ。

②ディスプレイ

コンピュータが処理した結果を表示する装置です。モニタとも呼ばれます。

- **CRTディスプレイ**：ブラウン管を使った装置です。電子銃から発射する電子ビームを蛍光体に当てて表示させます。応答速度は速いが、消費電力が高く、設置面積が大きいため、近年ではあまり使用されていません。
- **液晶ディスプレイ**：液晶を利用した装置です。液晶に電圧をかけることによって光の透過を制御し、バックライトを当て、光の透過率を増減させることによって画面に表示します。薄くて軽量、消費電力も小さく、価格も安価になってきたため、ディスプレイの主流になっています。

提供：EIZO株式会社

- **有機ELディスプレイ**：電圧をかけると発光する有機物を利用した装置です。視野角が広く、コントラストが高いのが特徴です。

278

応答速度
ディスプレイがその表示、書き換えるのに必要な時間。応答速度が速いほど切り替えが早く、動く映像をにじむことなく表示することができる。

視野角
画面を上下左右から見たときにどの角度まで表示内容を正常に見ることができるかを表す値。

11-5 ソフトウェア

　ソフトウェアは、コンピュータの基本的な制御や管理、つまりハードウェアを使用するための基本的な機能を提供するシステムソフトウェアと、個別の利用に対応した応用ソフトウェア（アプリケーションソフトウェア）に分類することができます。

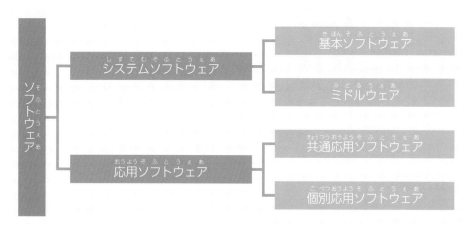

ソフトウェアの分類

- **基本ソフトウェア**：コンピュータ（ハードウェア）に基本的な制御を行うソフトウェアです。基本ソフトウェアを広義でOS（オペレーティングシステム）と呼ぶこともあります。
- **ミドルウェア**：システムソフトウェアと応用ソフトウェアの中間に位置し、さまざまなソフトウェアから共通して利用される機能を提供するものです。データベース管理システム、通信管理システム、ソフトウェア開発支援ツール、運用管理ツールなどがあります。
- **共通応用ソフトウェア**：ワープロソフトや表計算ソフトなど、業務によらず一般的に使用されるソフトウェアです。CAD、CAIオーサリングシステム、機械翻訳、統計処理（線形計画法（LP：Linear Programming）、シミュレーション、解析など）などのソフトウェアがあります。
- **個別応用ソフトウェア**：特定の個人や企業の業務向けに特別に作られたソフトウェアです。

11-5-1 OS (Operating System)

　OSとはオペレーティングシステムの略です。コンピュータ自体はただの機械です。実はこれだけではユーザは使うことができません。OSは、私たちが使用する応用ソフトウェアとの仲介をするソフトウェアです。コンピュータが何をやっているのか私たち人間でも理解できるように視覚的にディスプレイに表示させたり、コンピュータに命令を出しやすいようにマウスやキーボードなどからの入力をサポートします。

　パソコン用のOSとしては、マイクロソフトが販売しているWindows、アップルが販売しているmacOS、オープンソースのLinuxなどがあり、それぞれに特徴があります。自分が使用するOSの種類とバージョンを確認してみましょう。

Excelで計算するときの処理

OSの役割

機能	説明
タスク管理	タスクを実行する順番を管理する機能
システム管理	タスクを実行する順番にあわせて、そのタスクに必要な資源（CPU、メモリ、周辺機器など）を割り当てて、管理する機能
ファイルの管理	ファイルを書き込んだり、読み込んだりする機能
ヒューマンインターフェイスの提供	ユーザがコンピュータを利用するための環境を提供する機能
APIの提供	アプリケーションソフトが共通して利用できるインターフェイスを提供する機能

Reference

オープンソース
ソフトウェアのソースコードを、インターネットなどを通じて無償で公開し、自由に改良・再配布が行えるようにすること。

ソースコード
ソフトウェアの設計図にあたる。機械語に翻訳される前のプログラム言語で記述された文字列。

フリーソフト
無料で利用できるソフトウェアのこと。著作権は著作者に帰属するので、改変したり配布したりはできない。

シェアウェア
無料で試用できるが、試用期間後、継続して使用するのであれば料金を支払う。

確認問題

1. コンピュータを構成する一部の機能の説明として、適切なものはどれか。
(出典：ITパスポート試験 平成21年度 秋期 問72)
　(ア) 演算機能は制御機能からの指示で演算処理を行う。
　(イ) 演算機能は制御機能、入力機能および出力機能とデータの受渡しを行う。
　(ウ) 記憶機能は演算機能に対して演算を依頼して結果を保持する。
　(エ) 記憶機能は出力機能に対して記憶機能のデータを出力するように依頼を出す。

2. DRAM、ROM、SRAM、フラッシュメモリのうち、電力供給が途絶えても内容が消えない不揮発性メモリはどれか。(出典：ITパスポート試験 平成25年度 春期 問63)

　(ア) DRAMとSRAM
　(イ) DRAMとフラッシュメモリ
　(ウ) ROMとSRAM
　(エ) ROMとフラッシュメモリ

3. 紙に書かれた過去の文書や設計図を電子ファイル化して、会社で共有したい。このときに使用する機器として、適切なものはどれか。
(出典：ITパスポート試験 平成28年度 春期 問14)
　(ア) GPS受信機　　(イ) スキャナ
　(ウ) ディジタイザ　(エ) プロッタ

4. 液晶ディスプレイの特徴はどれか。 (出典：ITパスポート試験 平成18年度 春期 問4)

(ア) CRTディスプレイよりも薄く小型であるが、消費電力はCRTディスプレイよりも大きい。
(イ) 液晶自身は発光しないので、バックライトまたは外部の光を取り込む仕組みが必要である。
(ウ) 同じ表示画面のまま長時間放置すると、焼き付を起こす。
(エ) 放電発光を利用したもので、高電圧が必要となる。

5. 感光ドラム上に印刷イメージを作り、粉末インク（トナー）を付着させて紙に転写、定着させる方式のプリンタはどれか。 (出典：ITパスポート試験 平成28年度 春期 問88)

(ア) インクジェットプリンタ
(イ) インパクトプリンタ
(ウ) 熱転写プリンタ
(エ) レーザプリンタ

6. OSに関する記述のうち、適切なものはどれか。
(出典：ITパスポート試験 平成25年度 秋期 問70)

(ア) 1台のPCに複数のOSをインストールしておき、起動時にOSを選択できる。
(イ) OSはPCを起動させるためのアプリケーションプログラムであり、PCの起動後は、OSは機能を停止する。
(ウ) OSはグラフィカルなインターフェースをもつ必要があり、全ての操作は、そのインターフェースで行う。
(エ) OSは、ハードディスクドライブだけから起動することになっている。

解答

1. ア　　2. エ　　3. イ　　4. イ　　5. エ　　6. ア

11-6 情報セキュリティ

情報通信技術はめまぐるしいスピードで進化を遂げており、私たちを取り巻く環境は大きく変化しています。このように社会が変化している一方で、情報管理に対する意識の低さは社会的問題にもなり、さまざまなトラブルを引き起こしてしまう事例があとをたちません。

基本的な情報セキュリティの知識と関連法規も含めてしっかり学習していきましょう。

情報セキュリティとは、さまざまな「脅威」によって生じる事件・事故から「情報資産」を守ることです。大切な情報が外部に漏れたり、コンピュータウイルスに感染したり、普段使用しているシステムが急に使えなくなったりしないよう、必要な対策をとることが必要です。私たちがコンピュータシステムやインターネットを安心して利用することができるように対策をとることを、情報セキュリティ対策といいます。

11-6-1 情報資産とは

情報資産とは、守るべき価値のある情報とそのシステムのことです。また情報そのものに限らず、情報システムを構成する物品や、情報システムが提供するサービスなども含みます。例えば、企業の財務情報、人事情報、顧客情報、技術情報、記録媒体、メモ、コンピュータそのもの、人の記憶や知識も情報資産に含みます。

「情報セキュリティにおいて守るべきものは情報資産である」、これが情報セキュリティにおける基本的な考え方になります。

11-6-2 情報セキュリティの3要素

- **機密性** ……… 情報へのアクセスを許可された人だけが情報を扱うことができるようにすること。情報漏えい防止、アクセス権の設定などの対策

- **完全性** ……… 情報または情報の処理が正確であり、安全であるようにすること。改ざん防止、検出などの対策

- **可用性** ……… 情報へのアクセスを許可された人だけが、必要なときにいつでも情報や情報システムにアクセスできるようにすること。電源対策、システムの二重化などの対策

11-6-3 情報セキュリティポリシー

企業などの組織は、情報セキュリティを守るべき責任があります。組織内で扱う情報資産を守るために、PDCA（Plan-Do-Check-Act）サイクルをまわして情報セキュリティに関する計画の立案、実行と運用、チェック、見直しを行わなくてはいけません。

情報セキュリティポリシーとは、企業が所有する情報資産をどのように守るか、体系的にかつ具体的にまとめたもののことをいいます。情報セキュリティポリシーは、情報セキュリティ基本方針と情報セキュリティ対策基準からなります。

11-7 情報モラル

情報モラルとは、コンピュータやインターネットを利用するときに個人が守らなければならない最低限のマナーやルールのことです。情報化社会では情報の取り扱いに注意する必要があります。Webページや、掲示板への投稿、SNS、ブログなどインターネットで情報を発信する場合は、虚偽の情報で他人に不利益を与えたり、社会が混乱するような情報を発信してはいけません。

11-7-1 インターネット利用時の注意事項

1. 個人情報の管理

自分や知り合いの個人情報（氏名、住所、生年月日、電話番号など）を安易に書き込んだり、送信したりしないようにしましょう。

2. 著作権・肖像権

著作権・肖像権を侵害していないか十分に確認しましょう。

3. ID・パスワードの管理

ID・パスワードは他人に知られないように厳重な管理も必要ですが、

- 推測しにくいパスワードを使用する
- 定期的にパスワードを変更する
- 同じパスワードを使いまわさない

こともとても大事です。

4. 詐欺・取引

信用できる業者であるか確認することが大事です。メール以外の連絡先（住所や固定の電話番号など）が明記されているかどうかも目安になります。また取引明細や記録を保存するか、プリントアウトして控えとしてとっておきましょう。

5. クレジットカードの取り扱い

利用するWebサイトがSSLなどのセキュリティ対策を行っているか確認します。

6. ウイルス対策

コンピュータウイルスはWebページの閲覧、メール、ファイルのダウンロードなどから感染することがあります。ウイルスの感染を防ぐためには、ウイルス対策ソフトを利用することがもっとも有効な対策ですが、必ずウイルス対策ソフトのパターンファイルを常に最新のものにアップデートしておくようにしましょう。

ウイルス対策7箇条（IPA）

1. 最新のウイルス定義ファイルに更新し、ワクチンソフトを活用すること
2. メールの添付ファイルは、開く前にウイルス検査を行うこと
3. ダウンロードしたファイルは、使用するまえにウイルス検査を行うこと
4. アプリケーションのセキュリティ機能を活用すること
5. セキュリティパッチをあてること
6. ウイルス感染の兆候を見逃さないこと
7. ウイルス感染被害からの復旧のためのデータのバックアップを行うこと

11-7-2 個人情報

個人情報とは、氏名や住所、電話番号、メールアドレス、顔写真、生年月日など、その人個人を特定できる情報のことで、他の情報と容易に照合することができ、それにより特定の個人を識別することができるものも含みます。インターネット上の情報は誰もが閲覧することができます。自分の個人情報はもちろんのこと、知人、仕事上の知り合いなどの個人情報をインターネット上に記載しないようにしましょう。

CHAPTER 11

個人情報に含まれるもの

基本事項	氏名、住所、性別、生年月日、年齢、電話番号、国籍
家庭生活	親族関係、婚姻歴、家族状況、居住状況
社会生活	職業、職歴、順位、役職、学業、学歴、資格、賞罰、成績、評価、趣味
経済活動	資産、収入、借金、預金、信用情報、納税額、公的扶助、取引状況

個人情報取り扱い事業者は本人の求めに応じて、個人情報の開示、訂正、利用停止を行わなければなりません。

11-8 知的財産権

知的財産権とは人間の知的創造活動によって生み出される、表現・アイディア・技術など実態のないものを保護するために、その考案者に与えられる権利のことで、大きく2つに分けることができます。

1つは「産業財産権」、もう1つが「著作権」です。

11-8-1 産業財産権

産業財産権は、発明・考案・デザイン・ロゴマークなどに対して保護される権利です。特許権、実用新案権、意匠権、商標権からなり、それぞれの根拠となる法律も定められています。

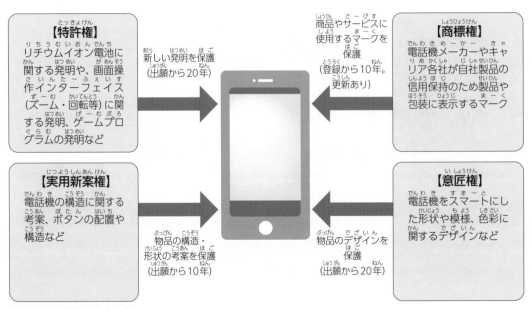

出典：特許庁ホームページ

11-8-2 著作権

著作権は、産業財産権とともに知的財産権と呼ばれる権利の1つです。著作権は文化的な創作物の保護を対象とします。音楽、絵画、学術、小説、映画、コンピュータ・プログラムなどを著作物といい、それを創作した人、団体が著作者です。

産業財産権は登録しなければ権利が発生しませんが、著作権は、登録しなくても著作物が創作された時点で権利が発生します。

著作者人格権

著作者の人格的な利益を保護する権利であり、公表権、氏名表示権、同一性保持権などから構成され、譲渡や相続することはできません。

著作者財産権

著作物の財産的な利益を保護します。複製権や上演権、放送権といった権利があり、他人に譲渡することができます。

著作隣接権

著作物の演奏者、演出家、音楽アルバム出版社などに与えられる権利です。

11-8-3 著作権の侵害

著作物の内容の全部または一部を著作者の許可なしに複製し配布することは著作権の侵害となり、法律で禁止されています。

- Webページの画面を他の媒体に無断掲載すること
- テレビ、DVD画像の無断掲載すること
- 楽曲の無断掲載すること
- 市販ソフトウェアの無断配布すること
- メールやメッセージ、SNSの投稿内容の無断公開すること

11-8-4 著作権の例外

著作権者の了解なしに、著作物を利用できる場合があります。

1. 私的利用のためのコピー
2. 引用のためのコピー
   引用元を明記すること。そして少しでも内容を変更して掲載することは無断転載、あるいは剽窃となり、著作権侵害になります。
3. 教育機関でのコピー　教材として使うためのコピー
4. 教育機関での送信
5. 試験問題としてのコピーや送信
6. 非営利・無料の場合の上演など

11-9 コンピュータウイルス

　　コンピュータウイルスとはコンピュータに侵入して、意図的に何らかの被害を及ぼすように作れらたプログラムです。経済産業省のコンピュータウイルス対策基準では、次の機能のうち1つ以上を持つものをウイルスと定義しています。

自己感染機能

　　自らの機能によって他のプログラムに自らをコピーしたり、またはシステム機能を利用して自らを他のシステムにコピーすることにより、他のシステムに伝染する機能

潜伏機能

　　発病するために特定時刻、一定時間、処理回数などの条件を記憶させて、条件が満たされて発病するまで症状を出さない機能

発病機能

　　プログラムやデータなどのファイルの破壊、外部への送信やコンピュータに異常な動作をさせるなど意図しない動作をする機能

トロイの木馬

　　正規のプログラムに見せかけてインストールさせ、被害を与える不正プログラムです。盗聴やパソコンを不正操作しますが、感染活動は行いません。

ワーム

自ら感染を広げる機能を持っています。ネットワークを経由し、侵入します。

スパイウェア

情報収集を目的として不正に侵入します。インターネットバンキングやオークション、ショッピングサイトのID、パスワードを盗み出すものもあります。

ボット

不正に侵入し、不正プログラム同士のネットワーク網を築き、外部から操作されて不正行為を行います。

確認問題

1. 次の情報セキュリティに係る事象において、機密性、完全性及び可用性のうち、損なわれたものだけを全て挙げたものはどれか。

(出典：ITパスポート試験 平成29年度 秋期 問90)

職場のファイルサーバーにおいて、サーバー上のファイルを全て暗号化して保存していたが、サーバーがウイルスに感染し、一部のファイルが削除されてしまった。ウイルスの駆除とファイルの復旧に数時間を要し、その時間は業務が行えない状態となり、利用者に迷惑をかけてしまった。

(ア) 機密性　　(イ) 機密性、完全性　　(ウ) 完全性、可用性　　(エ) 可用性

2. 職場のPCを使用していたところ、ウイルス対策ソフトでウイルスを検出した旨のメッセージが表示された。このPCで直ちに行うべきこととして、適切なものはどれか。

(出典：ITパスポート試験 平成29年度 秋期 問94)

(ア) PCの再起動　　　　　　　　(イ) 電子メールによる職場内への通知
(ウ) ネットワークからの切断　　(エ) ファイルのバックアップ

3. 情報セキュリティを脅かすもののうち、ソフトウェアの脆弱性を修正するパッチを適応することが最も有効な対策となるものはどれか。

(出典：ITパスポート試験 平成29年度 春期 問80)

(ア) 総当り攻撃　　　　　　　　(イ) ソーシャルエンジニアリング
(ウ) バッファオーバーフロー　　(エ) ポートスキャン

CHAPTER 11

4. 企業における情報セキュリティマネジメントシステム（ISMS）の活動において、自社で取り扱う情報資産の保護に関する基本的な考え方や取り組み方を示したものはどれか。
（出典：ITパスポート試験　平成28年度 秋期 問71）

(ア)　BCP
(イ)　ISMS要求事項
(ウ)　PDCA
(エ)　情報セキュリティ方針

5. 著作権法による保護の対象となるものはどれか。
（出典：ITパスポート試験　平成28年度 春期 問8）

(ア)　アルゴリズム
(イ)　操作マニュアル
(ウ)　プログラム言語
(エ)　プロトコル

6. 著作者の権利である著作権が発生するのはどの時点か。
（出典：ITパスポート試験　平成27年度 秋期 問1）

(ア)　著作物を創作したとき
(イ)　著作物を他人に譲渡したとき
(ウ)　著作物を複製したとき
(エ)　著作物を文化庁に登録したとき

7. 個人情報保護法における"個人情報"だけを全て挙げたものはどれか。
（出典：ITパスポート試験　平成26年度 春期 問21）

(a)　記号や数字だけからなるハンドルネームを集めたファイル
(b)　購入した職員録に載っている取引先企業の役職と社員名
(c)　電話帳に載っている氏名と住所、電話番号
(d)　取引先企業担当者の名刺データベース

(ア)　a、b
(イ)　a、c、d
(ウ)　b、c
(エ)　b、c、d

解答

1. ウ　2. ウ　3. ウ　4. エ　5. イ　6. ア　7. エ

Index

C
CAD ... 269
CG ... 269
CPU ... 271

E
Excel
1つの列の選択 ... 99
1つの列幅の変更 ... 112
AND関数 ... 203
AVERAGE関数 ... 133
COUNTA関数 ... 141
COUNT関数 ... 139
DATEIF関数 ... 222
HLOOKUP関数 ... 219
IF関数 ... 198
MAX関数 ... 135
MIN関数 ... 137
OR関数 ... 207
RANK.EQ関数 ... 144
SUM関数 ... 130
TODAY関数 ... 219
VLOOKUP関数 ... 211
印刷 ... 189
円グラフの作成 ... 185
演算子 ... 124
オートコンプリート ... 105
オートフィル ... 104
折れ線グラフの作成 ... 183
画面構成 ... 94
関数 ... 129
関数の挿入ボタン ... 95
関数のネスト ... 210
起動 ... 94
行番号 ... 95
均等割り付け ... 116
グラフの行と列の入れ替え ... 177
グラフのサイズ変更と移動 ... 173
グラフの軸ラベルの追加 ... 178
グラフの種類 ... 169
グラフの種類の変更 ... 175
グラフのタイトルの入力 ... 177
グラフの凡例の位置変更 ... 181
グラフの要素 ... 172
グラフのレイアウト ... 187
グラフ要素の書式設定 ... 177
罫線 ... 146
桁区切りスタイル ... 155
シート見出し ... 95
シート見出しの色の設定 ... 226
シート名の変更 ... 225
小数点以下の表示桁数 ... 158
数式のコピー ... 128
数式バー ... 95
数値データの入力 ... 103
絶対参照 ... 142
セル ... 95
セルの内容の移動 ... 97
セルを結合して中央揃え ... 115
線種の変更 ... 148
全セル選択ボタン ... 95
相対参照 ... 141
足し算 ... 125
中央揃え ... 115
データの修正 ... 105
斜めの罫線 ... 152
塗りつぶしの色 ... 154
パーセントスタイル ... 157
離れたセルの選択 ... 98
離れた複数の列幅の変更 ... 113
離れた列の選択 ... 100
貼り付けのオプション ... 108
比較演算子 ... 198
引き算 ... 127
引数 ... 130
日付データの入力 ... 103
フィルハンドル ... 97
複数の列の選択 ... 99
複数の列幅の変更 ... 112
ブックを閉じる ... 119
ブックを開く ... 120
棒グラフの作成 ... 171
右揃え ... 114
文字データの入力 ... 101

リアルタイムプレビュー ……………… 155
列番号 ……………………………………… 95
連続したセル選択 ………………………… 98
ワークシート ……………………………… 95
終了 ………………………………………… 96

O
OCR ……………………………………… 276
OMR ……………………………………… 277
OS ………………………………………… 280

P
PostScript
PowerPoint ……………………………… 278
　SmartArtの挿入 …………………… 258
　アウトライン表示モード ………… 235
　新しいスライドの挿入 …………… 239
　イラストの挿入 …………………… 244
　閲覧表示モード …………………… 235
　箇条書きの編集 …………………… 242
　画面構成 …………………………… 234
　行間の変更 ………………………… 241
　図形の挿入 ………………………… 257
　スライド一覧表示モード ………… 235
　スライドショーの実行 …………… 260
　スライドのサムネイル …………… 234
　スライドペイン …………………… 234
　スライドへの書き込み …………… 261
　テーマの適用 ……………………… 254
　テキストボックスの挿入 ………… 255
　ノートの作成 ……………………… 262
　ノートペイン ……………………… 234
　ノートモード ……………………… 235
　表示モードの切り替え …………… 234
　標準表示モード …………………… 235
　プレースホルダー ………………… 234
　プレゼンテーションの作成 ……… 236
　プレゼンテーションのリハーサル … 261
ppm ……………………………………… 278

R
RAM ……………………………………… 272
ROM ……………………………………… 272

S
SSD ……………………………………… 273

U
USBメモリ ……………………………… 273
Word ……………………………………… 273
　SmartArt …………………………… 89

インデント ……………………………… 50
箇条書き ………………………………… 51
下線 ……………………………………… 46
画像の移動 ……………………………… 82
画像のサイズ変更 ……………………… 80
画像の挿入 ……………………………… 78
画像の編集 ……………………………… 80
画面構成 ………………………………… 2
起動 ……………………………………… 2
行や列の挿入と削除 …………………… 62
均等割り付け …………………………… 49
クイックアクセスツールバー ………… 2
最小化ボタン …………………………… 2
最大化ボタン …………………………… 2
自動列幅調整 …………………………… 60
斜体 ……………………………………… 45
ズームスライダー ……………………… 2
図形の効果 ……………………………… 88
図形のスタイル ………………………… 86
図形の挿入 ……………………………… 84
図形の編集 ……………………………… 86
セルの分割 ……………………………… 61
セルの文字入力 ………………………… 58
線種の変更 ……………………………… 67
タイトルバー …………………………… 2
タブ ……………………………………… 2
段落の書式 ……………………………… 47
段落番号 ………………………………… 51
中央揃え ………………………………… 48
閉じるボタン …………………………… 2
塗りつぶしの設定 ……………………… 67
表 ………………………………………… 56
表のスタイル …………………………… 64
表の配置 ………………………………… 66
複数列の結合 …………………………… 60
太字 ……………………………………… 45
ページ設定 ……………………………… 40
右揃え …………………………………… 48
文字数と行数の設定 …………………… 42
文字の書式 ……………………………… 44
文字列の折り返し ……………………… 83
元に戻す ………………………………… 2
余白 ……………………………………… 41
リボン …………………………………… 2
列の幅、行の高さの変更 ……………… 59
ワードアートの形状の変更 …………… 77

ワードアートの書式設定 ……… 75
ワードアートの挿入 ……… 74
ワードアートのフォント、
　フォントサイズ変更 ……… 75
ワードアートの文字列の折り返し … 76
終了 ……… 3

あ行
アルファベットの入力 ……… 10
移動 ……… 25
インクジェットプリンタ ……… 277
上書き保存 ……… 27、159
液晶ディスプレイ ……… 278
応答速度 ……… 279
オープンソース ……… 281

か行
カタカナの入力 ……… 8
漢字の入力 ……… 13
キーボード ……… 274
記号の入力 ……… 15
敬称 ……… 37
結語 ……… 37
個人情報 ……… 285
コピー ……… 24
コンピュータウイルス ……… 288
コンピュータで用いられる要素 … 271
コンピュータの五大要素 ……… 270

さ行
シェアウェア ……… 281
時候の挨拶 ……… 37
視野角 ……… 279
主記憶装置 ……… 272
出力装置 ……… 277
ジョイスティック ……… 274
肖像権 ……… 284
情報資産 ……… 283
情報セキュリティの3要素 ……… 283
　可用性 ……… 283
　完全性 ……… 283
　機密性 ……… 283
情報セキュリティポリシー ……… 284
数字の入力 ……… 12
スーパーコンピュータ ……… 268
スキャナ ……… 276
ソースコード ……… 281

た行
タッチパネル ……… 274

知的財産権 ……… 286
著作権 ……… 287
　著作者財産権 ……… 287
　著作者人格権 ……… 287
　著作隣接権 ……… 287
ディスプレイ ……… 278
デジタルカメラ ……… 276
頭語 ……… 37
ドットインパクトプリンタ ……… 277
トラックパッド ……… 274
トラックボール ……… 274

な行
名前を付けて保存 ……… 19、118
入力装置 ……… 274

は行
バーコードリーダー ……… 276
パーソナルコンピュータ ……… 269
ハードウェア ……… 271
ハードディスク ……… 272
パスワード ……… 284
汎用コンピュータ ……… 268
光ディスク ……… 273
ビジネス文書 ……… 35
ひらがなの入力 ……… 6
ファイルを開く ……… 20
ファンクションキーを使った変換 … 9
フリーソフト ……… 281
プリンタ ……… 277
プリンタドライバ ……… 278
ページ記述言語 ……… 278
別記 ……… 37
補助記憶装置 ……… 272

ま行
マイクロコンピュータ ……… 269
マウス ……… 274
メモリ ……… 272
メモリカード ……… 273
文字の削除 ……… 7
文字列の選択 ……… 22

や行
有機ELディスプレイ ……… 278

ら行
レーザープリンタ ……… 277

わ行
ワークステーション ……… 268

● **著者紹介**

森 由紀（もり ゆき）
日本経済大学専任教員として、情報リテラシーなど情報系分野科目とインターンシップ、キャリア教育を担当。視覚的な教材を取り入れるなど、興味・関心を持たせて理解を促す講義を実施するよう取り組んでいる。

平井 智子（ひらい ともこ）
情報処理技術者試験初級システムアドミニストレータ、情報処理技術者試験ITパスポート、MOSエキスパートを取得。現在、日本経済大学非常勤講師として情報リテラシー基礎A、同B、情報リテラシー応用A、同Bの授業を担当。その他、専門学校にてOffice、検定取得対策の授業を担当。

● **監修者紹介**

久保田 学（くぼた まなぶ）
2007年より政府の主要外国人材雇用政策に携わり、2013年に一般社団法人留学生支援ネットワークを設立し、企業・外国人留学生・教育機関を支援する取り組みを全国規模で実施している。また、留学生の就職ガイダンスや講座を全国の教育機関において年間150件以上行う。

● 本書についての最新情報、訂正、重要なお知らせについては下記Webページを開き、書名もしくはISBNで検索してください。ISBNで検索する際は-（ハイフン）を抜いて入力してください。

　https://bookplus.nikkei.com/catalog/

● 本書に掲載した内容についてのお問い合わせは、下記Webページのお問い合わせフォームからお送りください。電話およびファクシミリによるご質問には一切応じておりません。なお、本書の範囲を超えるご質問にはお答えできませんので、あらかじめご了承ください。ご質問の内容によっては、回答に日数を要する場合があります。

　https://nkbp.jp/booksQA

留学生のためのITテキスト

2019年4月1日　初版第1刷発行
2024年5月1日　初版第5刷発行

著　者　森 由紀、平井 智子
監　修　久保田 学
発 行 者　中川 ヒロミ
編　集　田部井 久
発　行　株式会社日経BP
　　　　東京都港区虎ノ門4-3-12　〒105-8308
発　売　株式会社日経BPマーケティング
　　　　東京都港区虎ノ門4-3-12　〒105-8308
装　丁　コミュニケーションアーツ株式会社
DTP制作　株式会社シンクス
印刷・製本　図書印刷株式会社

本書に記載している会社名および製品名は、各社の商標または登録商標です。なお、本文中に©、®マークは明記しておりません。

本書の例題または画面で使用している会社名、氏名、他のデータは、一部を除いてすべて架空のものです。

本書の無断複写・複製（コピー等）は著作権法上の例外を除き、禁じられています。購入者以外の第三者による電子データ化および電子書籍化は、私的使用を含め一切認められておりません。

© 2019 Yuki Mori, Tomoko Hirai
ISBN978-4-8222-8614-9　Printed in Japan